浄土真宗の智慧

釈尊から親鸞に学ぼう

目次

第四章　親鸞の生涯から学ぼう

はじめに　仏教を学ぶということ

　お坊さんを長年やっていますと、毎日の仕事がついつい惰性的になりがちです。これはお坊さんだけではないかもしれませんが…私のブログの批判的なメッセージは、「坊主丸儲け」「葬式坊さん」「クソ坊主」「生臭坊主」「公務員感覚で寺を継いだ坊主」「今の仏教に宗教性があると思っている坊主」…。

　ひと昔前までは、駐在さん、郵便局長さん、学校の先生、お坊さんたちは尊敬の眼差しで見られていましたが、今では一転して軽蔑の眼差しなのかもしれません。確かに近頃はお坊さんの質が低下しているようだなぁと私自身感じることがありますね。

　お坊さんのやるべきことを考えますと、①葬儀や法事等の儀式の執行　②寺院の維持管理　③仏教の教化・布教　④仏教の研究等　⑤地域の人々の安寧の為の行動等　が挙げられますが、一般寺院のお坊さんとしては①以外はお金になりにくいのでついつい「葬式坊主」になっている節があります。

　素晴らしい生き方をしているお坊さんに葬式をしてもらったら故人や遺族も嬉しいでしょう。人生経験豊かなお坊さんに「人の道」を説いてもらったらさぞかし皆納得するだろうと思います。
しかし、現実の問題としては末寺の住職だけでは経済的に家族を養っていけない状態のお坊さんが多くなっています。彼らにとってみれば、研究・教化・布教等と言っておれない状態であり、それが尚世間から見るとお坊さんの質の低下が甚だしいと感じられる理由なのかもしれません。

NHKカルチャーセンター高松で『釈尊から親鸞へ』の初級仏教講座を担当して大分経ちました。概ね六十歳以上の方々が聴講生で、面白くもない私の講義を聞いてはメモを取っています。

親やパートナーの葬儀や法事をしたことで仏教に興味を持った人。菩提寺の住職と話をしたり、近くのお寺の行事に参加して興味を持った人。五木寛之氏や立松和平氏、梅原猛氏、山折哲雄氏、ひろさちや氏等の有名人の講演を聴いたり著書を読んだりして興味を持った人。仏教でいう自力・他力について知りたかった人。生き方についての道しるべを探している人。

動機は様々ですが仏教講座の人気は根強いものがあります。書店には必ず仏教書のコーナーがあり、本がズラリと並んでいます。釈迦についての本や、空海、最澄、道元、日蓮などの本は沢山ありましたが、釈迦の仏教から現代日本の宗派まで述べている本はほとんどありませんでした。先に述べました様に、私を含めてだらしないお坊さんが多くなっている現状の中でも、仏教に興味を持っている方々は少なからずいらっしゃいます。そうであれば、それに応えようと努力するのもお坊さんの責任の一つであるといえるでしょう。

現代日本の仏教宗派は、それぞれの教義を解説し、教祖・宗祖をある意味では神格化して褒め称えることに終始しているように思います。

一方、受け手側の一般の方々が仏教に興味を示すのは、仏教の教えが生活する上で、また年を重ねていく上で、何かのヒントや羅針盤になればいいなぁ、と思っているからではないでしょうか。損か得かではありませんが、仏教的な物差しを持っていて良かったなぁと思うことがあることを期待しているのかもしれません。

子供の頃、エジソンやリンカーン、織田信長や武田信玄、長嶋茂雄やイチローなどの伝記や物語を読んで生き方に影響を受けたように、お釈迦様や親鸞聖人の歩んだ道をたどることで、本書が少しでも皆さんが生きる上での参考になったら素晴らしいことだと私は思います。私は浄土真宗本願寺派の僧侶ですので、浄土真宗のファンの方が少しでも増えるといいなぁ、と思っております。

よく「仏教は何の為にあるの？　何を目指すの？」と聞かれます。仏教である以上、どの宗派も、私たち一人一人が悟りを開くことが最終目的です。極寒の季節に、裸で滝に打たれて悟りを開こうとする人。坐禅を組んで無心になって悟りを開こうとする人。お念仏を一心不乱に唱えて悟りを開こうとする人。

ただ、私の所属する浄土真宗本願寺派は、普通の人は生きている間にはなかなか悟りは開けない、と考えます。阿弥陀如来様を信じて極楽浄土に連れて行って戴いた時（亡くなった時）に悟りの世界に入った、と考えています。

私の周りに生存している人で『悟りを開いているようだ』と思われる人は、もちろん私も含めて皆無です。それ程悟りを開くのが難しいのであれば、仏教はほんの一部の人のものとなってしまいます。

生きているうちは悟れないかもしれないが、釈迦や親鸞の生き様や考え方の断片でもいいから、自分の人生に対してのヒントや物差しにしたい。そう思うからこそ多くの方々が仏教に関心を持っているのだと私は思っています。

二千五百年前の釈迦・八百年前の親鸞の生き方や考え方をたどりながら、ご自身の人生に役立つ部分をつまみ喰いをして欲しいとの思いから本書を思い付きました。

私は終活支援団体の代表もしています。『上手に生きて　上手に死のう』との思いからです。仏教が生きていくヒントになるんだとお知らせする事もお坊さんの役目かも知れません。

「エンディングノートを書いてみましょう」という講座なんかをやっていますと、終末期の医療・介護では、いわゆる延命処置を望まない方が多くいらっしゃることが分かりますが、これは日本仏教特有の無常観が影響しているなぁと思っています。

ご自分のお葬式や墓・仏壇・位牌については、一時無宗教が増えた時期もありましたが、やはり圧倒的に仏教形式が多いのです。深く信仰しているとの自覚が無い方でも、いつの間にか仏教ベースの生活様式になっていることが窺えます。宗教者を呼ばない葬式（お別れ会）や法事が取り沙汰された事もありました。宗教者が居ない葬式や法事でも出席者は「南無阿弥陀仏」と手を合わせていたり、無宗教なのに、四十九日の満中陰、一周忌、三回忌などをしたり、仏教がベースになっていることを実感いたします。

浄土真宗では、故人様の冥福を祈ったり、追善供養をしたりする考え方はありません。しかし、お通夜や葬儀の儀式で三帰依文を称え法名を授かって、故人様の一生を振り返りながら、今日でお別れなんだとの心のけじめを付けたり、法事等でもお釈迦さまや阿弥陀さまの話を聴いたり、故人様の生き方をじっくりと振り返ったり見つめたりして、私たちの生き方の参考にする事などは、とても大切だと思います。法事は故人様の為のようですが、実は、今生きている私たちのこれからの生き方の道しるべになっていることを認識すべきだと思います。

曹洞宗の開祖の道元禅師は、「仏道をならうというは　自己をならうなり」（正法眼蔵）と言っています。仏教を学ぶということは、自分自身を学ぶということなのです。仏教を学んで、少しでも自分自身が変わり、意識・考え方や態度・行動に変化があれば、それこそ「生きた仏教の学び」といえるでしょう。

第一章

釈尊の生涯から学ぼう

■釈尊の誕生

今からおよそ二千五百年前、インドの北方ヒマラヤ山脈の麓のカピラバットゥという地に、釈迦族と呼ばれる種族が城を構えて小さな国を作っていました。お釈迦様は、この釈迦族の太子として誕生しました。

お釈迦様の名前はゴータマ・シッダッタ（ガウタマ・シッダールタとも）です。のちに、悟りを開いて「仏陀《ぶっだ》」となりました。釈迦族出身の牟尼《むに》（聖者）との意味から「釈迦牟尼《しゃかむに》世尊《せそん》」と尊称され、それを略したのが「釈尊《しゃくそん》」です。

本書ではお釈迦様のことを「釈尊」と呼ぶことにします。

ところで、釈尊の誕生日をご存知ですか？　毎年四月八日は「花まつり」。各地のお寺でお釈迦様の小さい銅像に甘茶をかけたり、張りぼての白象を幼児が引っ張ったりしているのを見たことがある人も多いのではないでしょうか。およそ二千五百年前の四月八日が釈尊の誕生日と言われていて、それにちなんだ行事です。

釈尊の父はインド北部の小国（シャカ族）の王様（浄飯王《じょうぼんおう》）、母はお妃（摩耶夫人《まやぶにん》）で、

花園で釈尊を出産されたと伝えられています。釈尊の生存年代については、さまざまな説があり、正確なことはわかっていません。わかっているのは、釈尊は八十歳まで生存したということです。仏教学者の中村元先生は、釈尊の生存年代を紀元前四六三年～三八三年と推定しています。

釈尊は誕生するとすぐに七歩歩いて右手で天を差し、左手で地を指して、「天上天下唯我独尊《てんじょうてんげゆいがどくそん》」（天にも地にもただ我独り尊し）と宣言されたと伝えられています。その時、天は感動して甘露《かんろ》の雨を降らせたとか。「七歩歩いた」とは、迷いの世界の六道（地獄・餓鬼・畜生・修羅・人間・天上）を超えたことを表しているとされています。

六道とは、衆生（生きもの）が、それぞれの行為によって趣《おもむ》き往く迷いの世界のことで、六趣とも言います。

・地獄　苦しみの極まった世界
・餓鬼　飢え渇きに苦しんでいる世界
・畜生　恥を知らない世界
・修羅（阿修羅）　争いの世界
・人間　人間の世界、四苦八苦の苦の世界、仏教と出会える世界
・天上　天、喜びの世界（煩悩を滅していないので、やがて崩れる。これも迷いの世界）

これらの世界は、異次元の空間として存在するのではなく、迷いの心が創り出す意識の世界と認識しましょう。

「天上天下　唯我独尊」とは「私の命は天にも地にも、この世の中にたった一つしかない、かけがえのない命です」という意味です。「天上天下　唯我独尊」の後には「三界皆苦我当安之」（世界は皆、苦しみである。我まさにこれを安んずべし）と続きます。

仏陀とは、自らが真実に目覚めた者というだけでなく、他をも真実に目覚めさせる者との意味が含まれています。

天が甘露の雨を降らせたというのは、人だけでなく動植物や大自然・宇宙までが喜んだ

ことを表しているとされています。伝説ですので歴史的な事実ではありませんが、この話は有名です。

後に釈尊が亡くなった時、その様子を表した、釈迦涅槃図《しゃかねはんず》が多く描かれ残っていますが、天上の天女や、多くの弟子たちや、森の動物たちまでもが悲しんでいる姿があらわされています。（P37参照）

また、釈尊の母摩耶夫人は、白い象が胎内に入った夢を見た後に釈尊を懐妊したといわれています。インド人は象を好み、なかでも特に白い象を大切にしていたことから、釈尊の偉大さを表そうとした伝説だと思われます。ルンビニの花園で枝を手にしようとした時、夫人の右脇から釈尊が誕生したとの伝説もあります。

当時も今も、インドではヒンドゥー教が主流です。ヒンドゥー教では、カースト制度における四つの階級が、梵天《ぼんてん》から分かれた、つまり、梵天の口からバラモン（司祭者）、腕からクシャトリア（王族）、腿からヴァイシャ（平民）、足からシュードラ（奴隷）が生まれたとしています。

釈尊が腕（脇）から生まれたという伝説は、実はヒンドゥー教の影響を受けています。釈尊は王族なので、また、インドでは右は清らかで左は汚れているとの考えがあるので、右脇から生まれたとされているのです。しかし、当の釈尊自身はカースト制度を否定しています。

釈尊の母摩耶夫人は、釈尊出産後七日目に亡くなりました。その後釈尊は母の妹に大切に大切に育てられ、次の王様になるべくして七歳頃から学問や武芸を学びますが、何を学んでも優れた才能を発揮し、皆からの期待を一身に担っていたといいます。しかし、一方で、とても感受性が強く、物事を深く深く考える一面もありました。

名高い聖者であるアシタ仙人は「この王子は、この上もない尊い方です。家にあれば理想の王となるでしょう。もし、出家すると、尊い悟りをひらいて人々を教化するでしょう」と言ったのですが、このために浄飯王は王子が出家するのではないかという心配をするようになりました。

釈尊が十歳位の頃の話です。田を耕した土の中から小さな虫が掘り起こされ、それを見た小鳥がその虫をついばんで飛び去り、さらにその後、その小鳥を鷹が襲いました。釈尊は「なぜ生き物は殺し合わなければならないのだろう」と木陰で考え込まれた（樹下思惟《じゅげしゆい》）と伝えられています。

当時は国どうしの戦いが多かった時代でした。釈尊は、生き物の弱肉強食の姿を見て、大きな国々の狭間にあるシャカ族の国の現実や将来のことにも思いをはせたと考えられています。

父である王様は、釈尊のために冬・夏・雨期に適する三つの宮殿を建てて、多くの女性たちに音楽を奏でさせたり、踊りを舞わせたりしました。また美しいお妃・ヤソーダラを迎えて何不自由ない華やかな生活を釈尊に与えました。やがて、お妃との間に男児が生まれました。

ところが、この頃の釈尊の心は悶々としていて、子供の誕生を知らされると「出家の妨げができた」とつぶやいたと言われています。そのことからこの子供はラーフラ（妨げ）と命名されました。後に、ラーフラは釈尊の弟子になっています。

釈尊のお住いのお城は四方が塀に囲まれていました。ある時、釈尊は東の門から外へ出てみました。すると、釈尊の側を痩せ衰え杖にすがって歩くみすぼらしい老人が通り過ぎました。また、ある時、南の門から出て病気に苦しむ人々に出逢い、西の門から出て死者を送る悲しい葬送の行列（死人）に出逢いました。北の門の外では気高い修行者に出逢ったとの事です。お城の中では見たこともない、老人・病人・死人と出逢い、釈尊は「私もあのように、老人になり、病気になり、死ななければならない」と人生の空しさを感じら

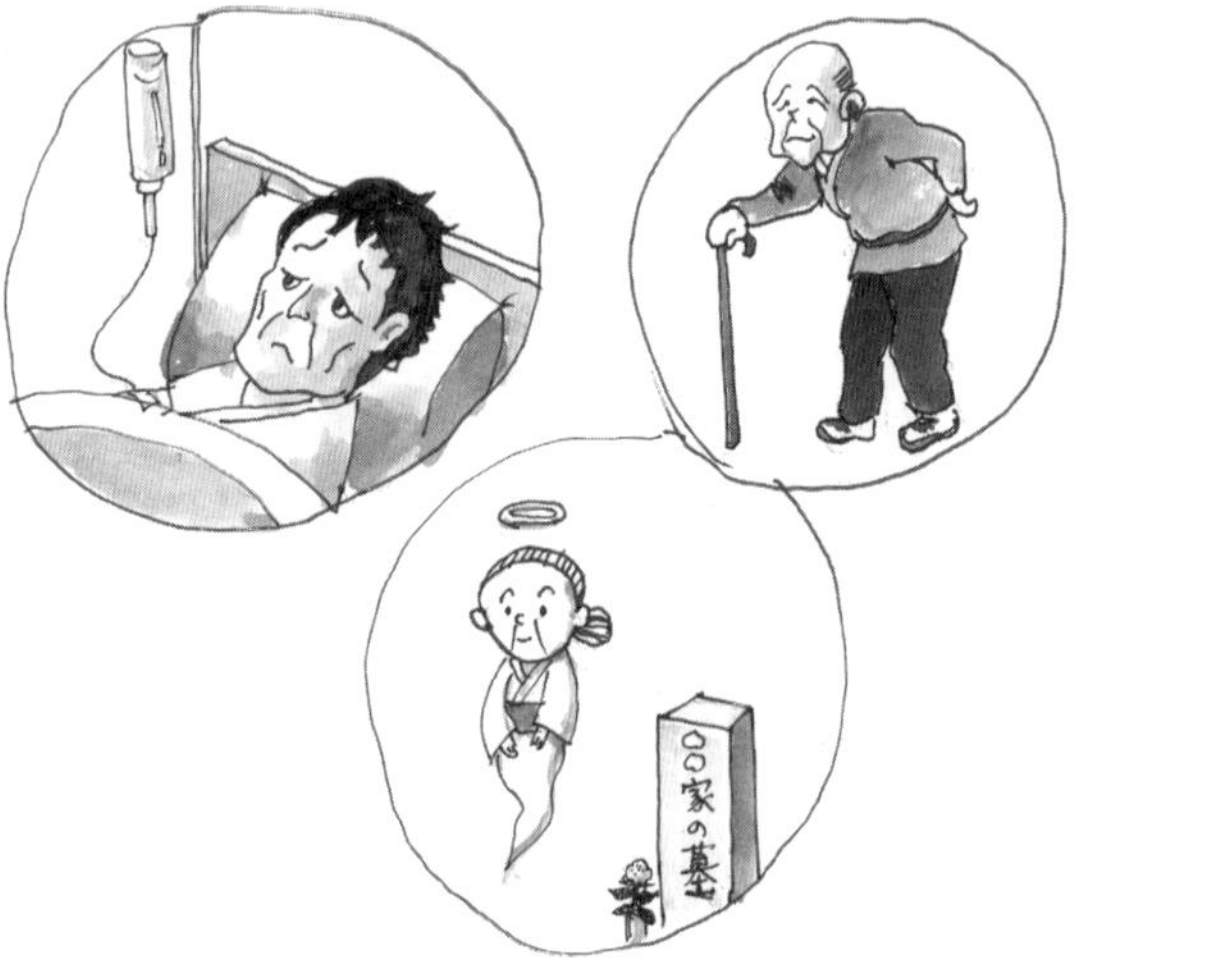

れたという説話が有名です。四門出遊《しもんしゅつゆう》と言われています。釈尊は、人生には必ず老いがあり、病み、死んでいかねばならないという現実の苦しみのあることを自覚し、この苦悩を解決して、人々に安らぎを与えたいとの願いを持つようになったと言われています。

■釈尊の出家

釈尊は、妻と子に囲まれて何不自由ない生活を送っていましたが、二十九歳の時にお城を出ました。（のちに述べる親鸞も二十九歳に大きな決心をしています）。

釈尊は、夜中に愛馬の白馬（カンタカ）にまた

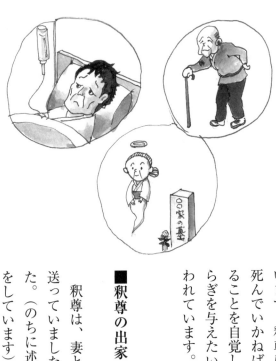

がりひそかにお城を抜け出ました。そして、マガタ国のラージャガハ（王舎城）へ行きました。そこには、各地から多くの思想家や修行者が集まっていたとされています。

その後釈尊は、真理を求めて仙人を訪ね、瞑想によって精神を安定させる、という修行に励みました。アーラーラ・カーラーマ仙人は「何もない。何も考えるな」との教えで、何も考えないようにすることによって、悩みを乗り越えようとしていました。しかし釈尊は、瞑想ばかりでは悟りは得られず、苦悩の根本的な解決にはならないと気付き、そこを去りました。

次のウッダカ・ラーマプッタ仙人のもとでは「想いが有るものでもなく、無いものではない」との教えを受けます。何も考えないようにしようということも考えないようにすることによって、悩みを乗り越えようとするものでした。

二人の仙人の教えは、禅定に入っている間は心の平安が得られても、禅定しないときは苦悩が現れます。根本的な解決に至っていないので、釈尊は満足しませんでした。

次に釈尊は、遥か南のウルヴェーラー村に往き、徹底した苦行主義の道に入りました。時には一粒の米で一日を過ごし、あるいはまったく食を断つ事さえもあったと伝えられています。人間を惑わす欲望は肉体の働きから起こるとの考えから、肉体を苦しめることに

よって心の平静が得られるとするのが苦行主義です。

釈尊は六年間、激しい苦行を行ったとされています。身体はやせ衰えて骨と皮だけになり、目は落ち窪み、頬はこけ、肋骨が浮き出し、腹部が空洞のように窪んだ釈迦苦行像は有名です。苦行は身も心も衰えるばかりで、とても悟りには達することができないと釈尊は思いました。

そして、健やかな身体と健やかな精神のもとで悟りを目指そうと方向転換されました。六年間の苦行を止めて林を出て、弱り切った体をネージャンジャラー河（尼連禅河《にれんぜんが》）の水で洗いました。ここで村娘のスジャータから乳粥を頂き元気を取り戻したという話は有名です。

身体を極端に苦しめる難行苦行に執着しても真

理は得られませんでした。かつて王宮で過ごした世俗的な歓楽を追う生活もまた、安楽の極みです。二つの極端を離れての「中道」思想がここから生まれたとされています。

禅定や苦行からはある程度の心の平静や精神力は得られるかもしれませんが、「人生の真実を探求」していないので、人生の苦悩の根本的な解決にはならないと考えたのです。

■成道──仏陀の誕生

体力が回復した釈尊はブッタガヤーに移動して「悟りを開くまで、決してこの座を立たない」と固く決心して菩提樹の下で瞑想に入りました。仏伝によると、悪魔がさまざまな妨害をしました。悪魔はまず、自分の娘たちをつかわし、釈尊を色仕掛けで誘惑させました。次は、武力をもって力づくで瞑想を妨げようとしました。しかし釈尊は、いかなる悪魔の妨害に負けることはなかったとされています。この悪魔との戦いは、釈尊の心の中での葛藤であり釈尊のあらゆる煩悩との戦いを表しているとされています。

釈尊三十五歳、十二月八日、暁の明星が輝く頃に、煩悩の象徴である悪魔を降伏させて（降魔)、真実の智慧を得て、仏陀となられました。「仏陀」とは「悟った者・真実に目覚めた者」との意味です。悟りの道が完成したとの事で「成道《じょうどう》」と言われています。釈尊の成道をたたえてこの地をブッダガヤーと呼んでいます。現在、十二月八日には　釈尊の成道を祝う「成道会」の法要が行われています。

釈尊は、人生のありのままの姿を見極めること(如実知見《にょじつちけん》)によって、老・病・死の苦悩の原因は無明(煩悩)であると見抜き、それを解決する道を完成しました。苦は、私の外側に客観的に存在するのではなく、私の心のあり方が間違っているところから生じているので、心のあり方を転換することによって、苦悩を乗り越えられると確信したのです。

釈尊は成道後、しばらくの間瞑想を続けました。悟りの内容と境地を一人で何回も反復しました(自受法楽《じじゅほうらく》)。そして、悟りの内容を広く人々に説くべきかどうか迷いました。仏伝によるとインドの最高神の梵天の勧め(梵天勧請《ぼんてんかんじょう》)によって、説法を決心したとされています。

「釈尊よ、どうか世の人々のために真理を説いてください。この世には汚れに染まらない目を持つ者もいます。教えに触れることができれば、彼らは悟りを得るかもしれません」と梵天が釈尊に言った、とされています。

「自分だけが悟って、他人が迷い苦しんでいるのは関係ないというのなら、それは本当の悟りではない」ことを自覚したとされています。真の悟りは、外に向かって説かれることによって、本当の意味で完成するものであり、説法の決心は、真実を悟った仏陀として必然でもありました。悟りは自分一人の中で完成するものではなく、他に伝え、他を救済することによって、本当の意味で完成するものなのです。自らの救済から万人の救済へと、その目的が転換されたとも言えます。釈尊は、多くの人々の幸せの実現の為に悟りの内容を「教え」として説き伝えることを決心したのです。

■伝道──仏・法・僧の三宝の成立

釈尊の最初の説法を「初転法輪《しょてんぽうりん》」といいます。法輪とは仏教を表す言葉です。古代インドの伝説上の理想の王の車がどこにでも行き四方を平定して善政を施したことにならって、釈尊の教えも、四方に伝わり、煩悩を砕くとの意味から法輪としたものです。その法輪が回転することが伝道です。「初転法輪」の内容は、人間の歩むべき正しい道である「中道」（両極端を離れた道）と、人生の真相と悟りへの道を明らかにした「四諦八正道」の教えだと言われています。

釈尊は次々に説法をして、どんどん弟子が増えていきました。そして、仏・法・僧の三宝が成立しました。「仏・ブッダ」とは仏陀（真実に目覚めた者、釈尊のこと）。「法・ダルマ」は仏陀の教え。「僧・サンガ」とは仏陀の教えを信じ、実践する人たちのことです。仏・法・僧の三宝が備わったことで、まさしく仏教教団が成立したのでした。三宝に帰依することから信仰が始まり、三宝を敬うことが仏教信者の大切な務めとされるようになりました。

また釈尊は、当時のインド社会に根強くあった身分の階級制度（カースト制度）を、仏教教団に持ち込ませぬように、特に気を配ったので、全ての人々は平等に和合してゆきました。

それ以後、釈尊は八十歳で亡くなるまで、説法・伝道の旅を続けられました。

釈尊は、相手の性格や能力・悩みに応じて、真実の法を巧みに話しました。これは、応病薬説法《おうびょうやくせっぽう》、対機説法《たいきせっぽう》と呼ばれています。

釈尊の弟子になりたい者は誰でも「三帰依文《さんきえもん》」を三度繰り返すことによって、入門が許されたと言われています。「三帰依文」とは三宝（仏・法・僧）に帰依する（依りどころにする）ことを誓った文です。三宝に帰依する（三帰依）とは、自己中心（私中心）の生き方から、真実を求める生き方への転換なのです。現在、浄土真宗本願寺派の得度式や帰敬式や葬儀式では、三帰依文は漢訳され、「南無帰依仏・南無帰依法・南無帰依僧」と三回唱えます。

このようにして、サンガと呼ばれる仏教教団は、どんどん拡大していきました。マガタ国のビンビサーラ王は、釈尊とその弟子たちに住居を提供したいと思い、竹林園に精舎（寺院）を建てて寄進しました。この寺院は、竹林精舎《ちくりんしょうじゃ》と呼ばれ、仏教の最初の寺院であると言われています。釈尊が竹林精舎に滞在している間に、バラモンの弟子であった舎利弗《しゃりほつ》と目連《もくれん》が二百五十人の仲間を連れて釈尊に帰依し、弟子になったと言われています。

また、釈尊が住んだ精舎でもっとも有名なのが、祇園精舎《ぎおんしょうじゃ》です。

須達多《すだった》という長者は「給孤独長者（孤独な人に食を給する人）」とも呼ばれていました。釈尊の説法を聴いて深く感動し、すぐに帰依した須達多は、釈尊を招待する精舎を建設するため、王子様の所有する土地を譲り受けたいと願い出ました。

王子様は、はじめ土地を提供するつもりはなく、冗談のつもりで「その土地に黄金を敷き詰めたら、その黄金と土地を交換してやろう」と言いました。

ところが須達多は、その言葉の通り、さっそく黄金を敷き詰め始めました。驚いた王子様は須達多の強い思いを知って感動し、喜んでその土地を提供しました。

須達多はそこに大きな精舎を建てました。これが有名な祇園精舎です。この祇園精舎はコーサラ国の伝道の中心になりました。

初期の仏教教団は、出家した男女の弟子たちと、在家の男女の信者で構成されていました。ビク（比丘・出家した男性の弟子）、ビクニー（比丘尼・出家した女性の弟子）、ウパーサカ（優婆塞・在家の男性信者）、ウパーシカー（優婆夷・在家の女性信者）です。ビクとビクニーは「乞う人」との意味です。出家者は生産にたずさわらず、乞食によって生活していたのでこのように呼ばれました。ウパーサカとウパーシカーは「仕える人」との意味です。在家信者は出家者に施しをして、教えを受けていたからです。

仏教教団に属する人々は、一か所に集まって大集団を作っていたわけではありません。在家の信者は、それぞれの自分の生活を営みながら釈尊や出家者から教えを受けました。出家者は一定の住居を持たないで、各地を転々としながら修業に励み、伝道に努めました。ただ、インドでは夏に三ヶ月雨季が続くので、その間は一か所に集まり、学問に励みました。これが安居《あんご》と呼ばれる重要な行事です。現代の日本の仏教教団でも安居として、年に一度集まって、再勉強や教義の再確認をしているところがあります。

教団が大きくなるに従って、さまざまな規則が必要になってきました。仏教に帰依した者が守るべき決まりの事を「戒律」と言います。男の出家者（比丘）には二五〇戒、女の出家者（比丘尼）には三四八戒という多くの戒を守ることが求められました。在家信者には「五戒」が定められました。

・不殺生戒（生き物を殺さない）
・不偸盗戒（盗みをしない）
・不邪淫戒（配偶者以外と性行為をしない）
・不妄語戒（嘘をつかない）

・不飲酒戒（酒を飲まない）

の五つの戒めです。戒律は生活を束縛するためにあるのではなく、生活を正し、悟りに至るためにあるものなのです。

当時のインド社会は絶対的なカースト制度で差別的な身分制度でしたが、仏教教団（サンガ）に入った人は、社会における身分・階級に関係なく、皆平等でした。カースト制度に束縛されていたインド社会において、これは驚くべきことでした。ちなみに、カースト制度とは、生まれによって、バラモン（司祭者）、クシャトリア（王族）、ヴァイシャ（平民）、シュードラ（奴隷）の四つの階級に分けられる差別的な身分制度です。

釈尊は「生まれによって賤しい人となるのではない。生まれによってバラモンとなるのではない。

行いによって賤しい人にもなり、バラモンにもなる」（阿含経《あごんきょう》）と述べています。

■釈尊の晩年・入滅

釈尊は三十五歳で悟りを開き（成道）、その後四十五年間、伝道・説法を続けました。高齢となっても、なおもたゆまず伝道の旅を続けていました。

八十歳の時、雨期の安居に入ったのち激痛に見舞われました。鍛冶工のチェンダーのもてなしの料理の中に良くないものが入っていることに気が付いていたのですが、もてなしを無にしないようにとの思いで食し「チェンダーは大きな功徳を積んだ」と言ったとの説話は有名です。

それが回復に向かった時に、一番弟子の阿難《あなん》が「このまま亡くなってしまったら、次の教団の統率者や秘伝も授かっていないので困る」と心配しました。

釈尊は「仏の教えに秘伝はない。自らをともしびとし、自らをよりどころとして、他をよりどころとしてはならない。法をともしびとし、法をよりどころとして、他をよりどころとしてはならない」と言いました。

これが、「自灯明《じとうみょう》法灯明《ほうとうみょう》」と呼ばれている有名な説法です。この言葉は「自分の人生を本当に自分の問題として、責任をもって生きなさい。他人を頼ってばかりではいけない。自分をよりどころにするといっても、自分勝手に生きるのではなく、法（真実の教え）を依りどころにして生きなさい」との意味です。自らをよりどころとし、法をよりどころとして生きているか、振り返ってみましょう。

この頃のインドの宗教界では、ウパニシャット（近くに座るの意味）と言われるように、伝統的に教えの奥義はごく近くの特定の弟子だけに伝えられていました。釈尊はそういう伝統を否定し、真実の教えはすべての人々に公開されるべきである、と考えていたのです。

また、阿難は釈尊に「亡くなったら、どのような葬式をしたらいいか？」とも尋ねました。しかし釈尊は「そんなことに関わってはならない。悟りを求める修行者は、真理のために努力することだけを考えよ」と答えたそうです。

釈尊は疲れた体を自ら励ましながら旅を続けました。クシナガラにつくと、弟子に「沙羅双樹の間に、頭を北に向けて床を敷いてくれ。私は疲れた。横になりたい」と、床の準備をさせて、釈尊は、頭を北、顔を西、右脇を下（頭北面西右脇）にして、足の上に足を重ねて横になりました。

そして、最期の時が近づいてきました。

「すべてのものは移り変わる。怠ることなく努力せよ」

これが、釈尊の最期の言葉であったそうです。釈尊は、最後の最後まで、無常を悟ることと、修行に励むことの、二つを説き続けたのでした。

釈尊八十歳、二月十五日、涅槃に入られました（入滅《にゅうめつ》）。現在この日に、釈尊を偲ぶ「涅槃会《ねはんえ》」の法要が営まれています。

釈尊の遺骸はクシナガラの住民であるマッラ族によって火葬されました。

その話が伝わると、釈迦族はじめ多くの人々が来て、遺骨をもらう権利があると主張しました。そこで、ドーナという賢者が遺骨を八つに分け、各地の人々に与えました。ドーナはその時の鉢をもらい、遅れて駆け付けてきたピッパリ族には灰を与えました。

それぞれが各地でストゥーパ（塔）を建てたので、釈尊の墓は十基建ちました。ストゥーパは卒塔婆《そとば》と音写され、それを略し「塔」となりました。釈尊のお骨を葬ったストゥーパは、地面の上にお椀を伏せたように土を丸く盛ってお骨を埋め、その上に樹を植えたものだったそうです。

遺骨のことを舎利《しゃり》と言い、釈尊の遺骨が納められた塔を仏舎利塔とも呼んでいます。後に、アショーカ王（紀元前二六八〜二三二年頃）が、ストゥーパを掘り返してお骨を細かく分け、インド各地に多くのストゥーパを建てました。それを在家の仏教徒たちが礼拝供養したのです。

★和尚の余計な独り言　其一

先にも述べましたが、釈尊が亡くなった時の様子を描いた「釈迦涅槃図」が数多く伝わっています。釈尊のまわりで悲しむ多くの弟子たちとともに、天上の天女たちや森のさまざまな動物たちが悲しむ様子が描かれています。これは、釈尊が、人間だけでなく、すべての命の尊さを説いたことの証だとされています。

釈迦涅槃図（称讃寺所蔵）

★和尚の余計な独り言　其二

お釈迦様の説話はたくさん残っています。誕生説話、樹下思惟、四門出遊、スジャータ物語、降魔・成道、梵天勧請などたくさんあります。興味があれば調べてみましょう。

釈尊の生涯は八十年でした。二千五百年も前の時代にしては、異例の長さです。現代に暮らす私たちの人生の物差しに当てはめてもいいのではないでしょうか。

王様の子として誕生して、大切に育てられ、お妃を迎え子が生まれましたが、二十九歳の時に愛馬カンタカに乗ってお城を抜け出し修行の道に入ります。（後ほど触れますが、親鸞聖人も二十九歳で比叡山での修行を断念しています）。三十五歳の時に悟りを開いて仏陀となりました。少しずつ増える弟子を伴いながら各地で説法をして伝道に生涯を費やしました。そして、クシナガラの地で八十歳で入滅しました。

三十歳頃までは、悩んだり、苦しんだり、迷ったりの人生です。その後四十歳頃までに一大決心をして、人生の目的・方向を定めて、それからはひたすらその目的を達成するがための努力をして行く。現代の私たちの人生設計にも大きな参考になる気がします。

第二章　釈尊の教えに学ぼう

■中道《ちゅうどう》

釈尊の最初の説法は「中道」と「四諦八正道」だと言われています。

釈尊は悟りに至る前、禅定による修行を放棄した後、苦行主義に従って修行をしました。これは、肉体を苦しめることによって心の平静を得ようという道です。しかし六年の苦行の末、結局これも悟りに至る道ではない、としてやめてしまいました。

ただ、苦行主義をやめたからと言って、欲望のままに生きる快楽主義に陥ったのではありません。苦行主義と快楽主義の両極端を離れた道、すなわち、すこやかな精神と肉体によって、悟りを求めようとしたのです。「中道」とは、単に真ん中の道、どっちつかずの道という意味ではなく、両極端を離れた道のことを言います。

「中道」

「修行者たちよ。出家者が実践してはならない二つの極端がある。一つは、さまざまな欲望に自己を奪われて快楽にふけることだ。それは、低級で無益なことだ。他の一つは自らを苦しめることである。それも、低級で無益なことだ。真理の体験者は、この両極端に近づかず「中道」を悟った。それは、眼を閉じ、認識を生じ、正しい悟り・安らぎに向かうものである」（転法輪経《てんぽうりんきょう》）。

「中道」は、琴やギターやバイオリンなどの弦楽器の弦に譬えられます。楽器の弦は、たるんでいてはいい音が出ません。かといって張り過ぎていては、いい音が出ないばかりか切れてしまうかもしれません。ちょうどいい張り具合の時に、きれいないい音が出るのです。修行も同じで、快楽主義も苦行主義もダメなのです。

「中道」は、もともとは修行の実践上での言葉でしたが、次第に、ものの見方に関して「中道」が言われるようになりました。つまり、「中道」とは、偏った見方をしないで、ありのままに見る、との意でも使われるようになりました。これを「如実知見《にょじつちけん》」と言います。「中道」「如実知見」共に大切な概念です。現代の私たちの生活の中で、中道的な生き方を考えてみると、「頑張りもせず、さぼりもせずにほどほどに」という生き方ではなく、「頑張る時は頑張る、休む時は休む」という二辺にとらわれない生き方と言った方がよいでしょう。つまり「中道」とは、苦と楽の直線上の中間点ではなく、苦楽を超えた次元に立つという事を認識すべきです。

★和尚の余計な独り言　其三

現代社会を生きる私たちにとって、この「中道」の考え方はとても大切なものだと思います。社会が複雑になればなるほど多くの立場・考え方・身の置き方が出てきます。単に右寄り・左寄りだけでなく、三次元に考えると、東西南北上下と幾通りもの立場があります。近視眼的な損得だけではなく、遠い将来までも見据えた上で、自分の立場・考え方・身の置き方を決めようとすると、幅広い意見を聞き・理解し、中間点はどこか、との意識を常に持ちながら考えることが必要です。「中道」の考え方を是非とも、現代の生活にも取り入れていきましょう。

■四諦八正道《したいはっしょうどう》

「四諦八正道」

釈尊は「中道」について説いた後、その具体的な方法として、「四つの真理」と「八つの道（方法）」を説きました。人間が背負っている苦悩の原因は「無明《むみょう》」であると悟り、その解決の道を明らかにしました。これが、「四諦八正道」です。

「四諦」

「四諦」の「諦」は「諦《あきら》める」と読みます。仕方がないとか断念するなどの意味ですが、もともとは「明らかに見る」「議論の余地がない（真実）から議論を諦める」との意味だったのです。つまり、「諦」とは、明らかに見たもの、「真実・真理」の事です。

四諦とは「苦諦」「集諦」「滅諦」「道諦」（苦集滅道）の四つの真理の事を言います。

㋑苦諦《くたい》（苦の現実）

「苦諦」とは、「人生の真実の姿は、苦である」という真理です。現実をありのままに見るという「中道」の立場で、私たち（迷っている者・悟りに達していない者）の人生を見た時、「人生は苦なり」と言ったのです。

四苦八苦

私たちは人生において数えきれないほどの苦しみに直面します。

具体的にどんな苦があるかと言うと釈尊は「四苦八苦」を挙げました。「四苦」とは「生・老・病・死」の四つの苦しみの事です。

・生苦（生まれる苦しみ・生きることの苦しみ）
・老苦（老いる苦しみ）
・病苦（病に侵される苦しみ）
・死苦（死の苦しみ・死への不安からの苦しみ）

「八苦」とは「四苦」に「愛別離苦」「怨憎会苦」「求不得苦」「五蘊盛苦」の四つの「苦」を加えて「八苦」と言います。

・愛別離苦《あいべつりく》（愛する者と別れ離れる苦しみ・会ったものは必ず別れなければならないとの苦）
・怨憎会苦《おんぞうえく》（怨み憎む者と会わなければならない苦しみ・憎んでいても別れられない苦）

・求不得苦《ぐふとくく》（求めても求めても得られない苦しみ）
・五蘊盛苦《ごうんじょうく》（思うようにならない心身から生じる苦しみ・人として存在し続けること自体の苦）

五蘊とは、色《しき》・受《じゅ》・想《そう》・行《ぎょう》・識《しき》のことで、仏教では、人間はこの五種類の要素で成り立っていると説明されています。色は物質、受は感受作用、想は知覚表象作用、行は意思などの心の作用、識は識別作用のことです。簡単に言えば、色は肉体のこと、受・想・行・識は精神のはたらきを示したもので、人は肉体と精神から成り立っていると考えます。

㋺集諦《じったい》（苦の原因）

釈尊は「人生は苦なり」と、私たちの人生の現実を示しました。人生の苦しみの現実を克服しようと、正面から向き合い、その原因を見極めました。それが、二つ目の「集諦」です。

「集諦」とは、「苦しみを招き集める原因は、人間のさまざまな煩悩である」との真理です。私たちは、私たちの苦しみの原因をすぐに外に求めようとしますが、実は、その原因は自らの内にあるというのです。例えば、老いること・病むこと・死ぬこと自体は「苦」ではありません。いつまでも若くいたい、病気になりたくない、死にたくない、との思いが老・病・死を「苦」にするのです。私たちの思いは、常に自己中心的で、現実が自分の思い通りになることを望みます。釈尊は、この心が、実は苦しみを生む根源であると見抜いたのです。

このような、私たちの心身を煩わし悩ます心の働きを「煩悩」と言います。「煩悩」とは、人の心身を煩わし悩ます心のはたらきの事です。煩悩の数は、百八あるとも言われていますが、煩悩の代表として「三毒の煩悩」があります。

「三毒の煩悩」とは、「貪欲・（貪り）」「瞋恚・（怒り）」「愚痴・（愚かさ）」の三つです。

・「貪欲《とんよく》」とは、貪りの心です。貪りの心だと言っても、何でも欲しいわけではありません。お金や地位や名誉は欲しいが塵《ごみ》はいりません。つまり、「貪欲」とは、自分に都合がいいものだけを貪り求める心なのです。

・「瞋恚《しんに》」は、その反対で、自分にとって都合の悪いものに対する怒りの心のことです。

・「愚痴《ぐち》」は、自分にとって都合のいいものを貪り求め（貪欲）、都合の悪いものに怒る（瞋恚）。このように自己中心の見方しかできず、真実が見えていない愚かさのことを「愚痴」（無明）と言います。「愚痴」（無明）ゆえに、他人を傷つけ、自らも傷ついています。

この「三毒の煩悩」はまさに私たちの現実の姿を教えてくれていると思うべきでしょう。

㈧滅諦《めったい》（悟りの世界）

人生は苦であり（苦諦）、その苦の原因は煩悩である（集諦）と見抜いた釈尊は、次に「滅諦」を説きました。「滅諦」とは、「苦（の原因である煩悩）を滅した境地が涅槃（悟りの世界）である」という真理です。

「涅槃《ねはん》」とは悩みの火が吹き消された、悟りの境地のことを言います。煩悩は、自己中心の心から起こるものなので、自らを悩ませ煩わせます。自己中心の心を離れ、何者ものにもとらわれない平静な自由な境地が涅槃ですから、煩わされたり悩まされたりすることはないのです。「煩悩が無くなる」というよりも、「煩悩でなくなる」境地が「涅槃」なのです。涅槃とは、本当の意味で、他人の喜び悲しみに共感できるような、豊かな心の状態と言ってもいいと思います。宇宙大の人格の完成です。

㈡道諦《どうたい》（悟りに至る方法）

人生は苦であり（苦諦）、その苦の原因は煩悩である（集諦）。その苦（原因である煩悩）

を滅した境地が涅槃の悟りであると示した釈尊は、次に涅槃に至る方法を説きました。それが「道諦」です。「道諦」とは、「苦（原因である煩悩）を滅して悟りにいたる方法が、八正道である」との真理です。

「八正道」とは、

・「正見」正しいものの見方・見解・考え方
・「正思惟」正しい思索
・「正語」正しい言葉・言語
・「正業」正しい行為
・「正命」正しい生活
・「正精進」正しい努力
・「正念」正しい意識・思いの持続
・「正定」正しい精神統一

この「八正道」の中で、一番基本的なものは、一番目の「正見」です。ここでいう「正しく見る」とは、偏った見方をせず、ありのままに見る（中道）ということで、これができてはじめて、正しく考え（正思惟）、正しく話せる（正語）というように、それ以下のことが可能なのです。この八つの正しい道を歩むことによって、煩悩を滅し、涅槃の悟りに至ることができます。「聖なる道」なのです。

これは現代社会にも通じます。是非、実践してみましょう。

四諦の前半は「迷いの因果」、後半は「悟りの因果」を表すとも言われています。苦諦は迷いの果（結果）であり、集諦は迷いの因（原因）です。滅諦は悟りの果であり、道諦は悟りの因です。釈尊は「迷いの因果」と「悟りの因果」を分かりやすく示しました。

★和尚の余計な独り言　其四

「四諦八正道」の考え方は、現代社会にも必要な仏教の定義です。

●この世は苦である（苦諦）。
●苦の原因は煩悩である（集諦）。
●煩悩を滅した境地が涅槃（滅諦）。
●涅槃を目指す道が「八正道」（道諦）。

「八正道」を実践して涅槃（悟り）を目指すのが仏教です。「如実知見（実の如く知見する）」の、偏ったものの見方をしないで、ありのままにものを見る、という態度と「中道」の姿勢で「八正道」に臨む時、やはり一番大切なのは「正見」です。一番目の「正見・正しく見る・ありのままに見る」が誤っていると次の思考や行為・行動も誤ってしまいます。何事に対しても判断が必要な時は、瞬間湯沸かし器的にならずに、一呼吸おいて幅広い視野でじっくりと判断することが必要です。現代社会においても「正見」から始まる「八正道」を生活の物差しにできれば素晴らしいと思います。

■縁起《えんぎ》

仏教の根本原理は「縁起」です。「縁起」という言葉は近頃「縁起が良い・悪い」という意味で使われることがあります。これは、仏教の「縁起」という言葉から生まれたのですが、本来の意味とは全く違います。

「縁起」とは、文字通り、「縁《よ》って起こっていること」との意味です。「縁起」とは「因縁生起《いんねんしょうき》」を省略した言葉で、「すべてのものは単独で存在するのではなく、必ず直接原因（因）間接原因（縁）によって、相互に関わり合って、仮にそのようなものとして成り立っている（生まれ起こっている）ということ」です。釈尊は「この世のありとあらゆるものは、縁起によって成り立っている」と言っています。

「因と縁」

「因」とは直接原因、「縁」とは間接原因のことです。例えば、花が咲いています。これを「果（結果）」とすると、その種が「因」です。ただ、種があるだけでは花は咲きません。土・水・光・温度・肥料などのさまざまな条件がそろわなければならないからです。これらが「縁」です。花は、因（直接原因の種）と、さまざまな縁（間接原因）によって、きれいな花を咲かせているのです。

また、種を「果」とすると、花（もしくは果実）が「因」となり、さまざまな環境条件などが「縁」となるのです。

このように、すべてのものは、因縁によって成り立っているのですが、「因」「縁」「果」は、固定的なものでなく、それぞれの関係を表していることに注意しましょう。すべてのものは、お互いに因となり縁となって、繋がり合っているのです。このようなあり方を「縁起」と言います。つまり、「縁起」とは、「互いにもちつもたれつの関係にあること」と言えます。「独立自尊」とか「自主独立」等の言葉があって、自分一人で存在しているように思いがちですが、私は他と無関係に生きることはできません。すべてのものは、相互に関係しあって「もちつもたれつ」の状態にあります。

縁起とは、Aさんと Bさんが存在し、お互いに関わり合っているという事ではなく、関わり合いの中で、初めてAさんとBさんが成り立っていることを意味します。例えば「聞き手」「話し手」が存在して、お互いに関わり合っているのではなく、「聞き手」によって「話し手」が存在し、「話し手」によって「聞き手」が存在するのです。

「兄と弟は、どちらが先に生まれたでしょう？」

縁起の教えからの結論は、兄と弟は同時に生まれたとなります。兄が生まれたときは一人の男の子であって、兄ではありません。弟が生まれると同時に、兄と弟の関係になるのです。弟によって兄が存在し、兄によって弟が存在します。このようなあり方を縁起と言います。

縁起の内容を「十二縁起」として説かれることがあります。苦の原因が無明にあると見極め、それを十二の段階で説明したものです。①無明（無知）によって②行（生成のはたらき）があり、行によって、③識（識別作用）があり、識によって、④名色（心身）があり、名色によって、⑤六処（眼・耳・鼻・舌・身・意の六つの感覚機能）があり、六処によって、⑥触（対象との接触）があり、触によって、⑦受（感受作用）があり、受によって、⑧愛（根本的な欲望）があり、愛によって、⑨取（執着）があり、取によって、⑩有（生存）があり、有によって、⑪生（生まれること）があり、生によって、⑫老死（老いと死）があるとの説明です。無明が無くなれば　間違った行がなくなり……、老死の苦がなくなる、と解釈できます。

★和尚の余計な独り言　其五

選挙に落選した候補者が「私の不徳の致すところです」とよく言います。しかし、選挙の当落は数多くの要因が絡み合っての結果であることは、皆承知しています。難関大学に合格したり、不合格になったり。スポーツや芸術の大会などで入賞できたり、予選落ちしたり。ビジネスで大成功を収めたり、大失態をやらかしたり。

それぞれの場合、本人の能力も含めて直接原因と間接原因とがあることは言うまでもありません。「縁起」を理解することは、事象・事柄を正確に分析することに繋がります。事象・分析できるということは、結果についての原因が読めるようになります。そうすれば、将来の事象についても直接原因・間接原因を十分に考慮して綿密な計画を立てることができるでしょう。起こってしまった結果に一喜一憂するのではなく、「縁起」の法を思い出して、状況を正確に分析するようにしましょう。

■三法印《さんぼういん》

「三法印」

　仏教の根本的な教えとして「三法印」があります。法印とは、教えの旗じるしのことです。他の宗教と区別して、仏教を特徴づける根本的な教えのことです。これは、仏教と仏教以外の教えを区別する基準になるもので、これに反するものは仏教ではありません。「三法印」は「諸行無常」「諸法無我」「涅槃寂静」です。

㋑諸行無常《しょぎょうむじょう》

「諸行無常」とは「すべてのものは、瞬間瞬間に変化し続けているということ」です。「諸行」とは「すべてのもの」、「無常」とは「常で無い」ということです。ただし、常では無いといっても、赤ちゃん↓子供↓大人↓老人↓死人の様に段階的に変化する「段階無常」ではありません。例えば、髪の毛や爪は、少しずつ伸び続けますし、細胞のレベルで見つめると一瞬たりとも同じ状態では存在しません。このように、瞬間瞬間に消滅変化を繰り返している「刹那無常」という意味で、無常といわれています。

★和尚の余計な独り言　其六

「祇園精舎の鐘の声、諸行無常の響きあり……」(平家物語)は有名です。絶対の安泰と絶大な繁栄をものにしている平家一族もなにやら少し変化の兆しが窺える……。物質だけでなく、最近は人の心情にも使われます。大恋愛で結婚した二人の間に三年過ぎると隙間風が吹き始めたり、第一希望の会社にやっとの思いで就職しても、数年経って労働意欲が無くなってきたり……。自分の行為や考えが如何に当てにならないものかは、後で述べますが、自分の考えや感情、周りの人々のそれも、常に変わっていく可能性があることに注意が必要です。

㋺諸法無我《しょほうむが》

「諸法無我」とは、「すべてのものには、永遠に変わらない実体はないということ」です。「諸法」とは、「すべてのもの」、「無我」とは「永遠に変わらない実体（我）はない」ということです。当時のインドでは、人の身体と精神は変化するが、永遠に変化しないアートマン（我）という固定的な実体があり、それは死後も永遠に不滅だと考えられていました。日本人の感覚では「霊魂・霊」に近いイメージです。

釈尊は、すべてのものが変化するのに、アートマン（我）だけが変化しないということはありえない、と考えました。それは、いつまでも不変でありたいという私たちの欲望・執着が生み出したものであると考えました。

「諸行」も「諸法」も「すべてのもの」との意味ですが、正確に言えば両者には相違があります。「諸行」の「すべてのもの」は、因縁によって作り出されたもの（有為）のことで、物・者だけでなく、状態や事柄なども含みます。現象と言ってもいいです。それに対して、「諸法」の「すべてのもの」は、因縁によって作り出されたもの（有為）の他、因縁によって作り出されたものではないもの（無為）、例えば、原理や法則なども含みます。例えば「諸行無常という教え」は「無我」ではありますが「無常」ではないのです。

㈧涅槃寂静《ねはんじゃくじょう》

「涅槃寂静」とは、「悟りの境地（涅槃）は、安らか（寂静）であるということ」です。「涅槃」という言葉は梵語の音訳で、もともとは「吹き消された状態」との意味です。つまり、涅槃とは、メラメラと燃え盛る煩悩の火が吹き消された、悟りの境地のことを言います。そして、その悟りの境地は、絶対安定の安らかな境地（寂静）であるというのです。

これら「三宝印」の根底にある根本原理は、「縁起」の法です。

すべてのものは縁起的存在だからこそ、常に移り変わるのであり（諸行無常）、永遠に変わらない実体はないのです（諸法無我）。そして、それを悟った境地は安らかなのです（涅槃寂静）。

三宝印に「一切皆苦（一切は皆苦であるということ）」を加えて四法印ということもあります。また、大乗仏教になると、涅槃は、静寂な境地であると同時に、積極的に利他（他を悟りに導く）活動を行う境地であると、説かれるようになります。

第三章　仏教の伝承を学ぼう

■経典《きょうてん》の編集

釈尊は、その生涯において、多くの人々に教えを説きましたが、それを文字として残すことはしませんでした。弟子たちも、それを記憶して口伝するのみであったので、正しく伝わらない恐れがありました。釈尊の説法は「待機説法」などと言われて、聞く人に応じて説いたので、表面的には、さまざまな教えが存在したこともあって、教えの確認作業をする必要性が出てきました。こうして、釈尊入滅からおよそ四ヶ月後、経典の編集会議（結集）が行われました。およそ五百人の弟子が集まり、座長が大衆の前で暗唱し、皆でそれらが間違いないことを確認しました。最初の編集会議のことを「第一結集」と言います。この時の編集会議の内容は、文字や文章にはならず、口伝のみだったようです。文字としてまとめられたのは、釈尊入滅後百年後以降だと言われています。

仏教教団は、釈尊の弟子たち、弟子の弟子たちが集まって数万人規模の大きな教団となっていきました。ほとんどの経典は、「如是我聞」で始まっています。「是の如く我は聞いた」と第一結集の時に座長が前置きしたことに依っています。「仏告阿難」、「釈尊が阿難（弟子の一人）に言った」もよく目にします。

経典は「経」と「律」があります。「経」とは、教法（教え）がまとめられたもので、「律」とは、戒律がまとめられたものです。その後、「経」や「律」の解説書にあたる「論」が成立しました。この「経（経蔵）」「律（律蔵）」「論（論蔵）」を、三蔵と呼びます。三蔵法師とは、経・律・論の三蔵に精通した僧に対する尊称です。三蔵法師は大勢います。「西遊記」で有名な三蔵法師は、玄奘《げんじょう》という名前の高僧です。

■教団の分裂

釈尊滅後百年頃になると、教団の内部で解釈の相違が表面化してきました。進歩的改革派の出家僧侶は、釈尊の精神を受け継ぐことが大切で、戒律は時代によって変化しても良いという立場をとりました。それに対して、伝統を守ろうとする保守的な長老たちは、釈尊の定めた戒律を厳格に守るべきとの立場をとりました。長老たちは、およそ七百人を集めて、戒律を中心に結集（第二結集）を行いました。進歩的改革派の僧侶たちは、約一万人を集めて別の会合を開き、独立を宣言しました。この集会に参加した人数が多かったので「大衆部《たいしゅぶ》」と呼ばれています。これに対して、保守的な長老派を「上座部《じょうざぶ》」と呼んでいます。

このように、仏教教団は　伝統的保守派の「上座部」と進歩的改革派の「大衆部」の二つに分裂しました。これを「根本分裂《こんぽんぶんれつ》」と言います。その後の約百年の間に大衆部が細かく分裂し、その次の百年の間に上座部も細かく分裂しました。これを「枝末分裂《しまつぶんれつ》」と言います。根本分裂の二部と枝末分裂の十八部を合わせて、「小乗二十部」と呼んでいます。分裂の原因は、第一に戒律に対する態度の相違ですが、経典の解釈の相違や地理的な距離なども関係しています。根本分裂以前を「原始仏教」、それ以降から大乗仏教興隆までを「部派仏教」と呼んだりします。

根本分裂が起こったのは、インド最初の古代統一帝国のアショーカ王の時代でした。アショーカ王は深く仏教に帰依し、国家を平和に治めるために仏教を取り入れました。アショーカ王は、仏教精神に基づいた政治を行い、その施政方針を記した碑文を各地に建立しました。また、仏跡の保存に尽力し、多くの仏塔を建て、周辺の国々に伝道師を派遣して、仏教の発展に努めました。

■大乗仏教の成立

部派仏教の時代になると、それぞれの部派が独自の「経」と「律」を持ち、自分の部派の正当性を主張するために、多くの「論」が作られました。有力な在家信者の保護を受け、経済的な基盤が安定してきたため、出家の僧侶たちは次第に遊行をやめ、寺院に定住するようになり、教法の研究が盛んになりました。やがて、仏教は哲学的な傾向を帯びて複雑化し、一般大衆から離れたものとなって、仏教本来の宗教性が失われていきました。

㋑大乗仏教と小乗仏教

このような仏教のあり方に対して、釈尊の根本精神に立ち返ろうとする運動が起きました。大乗仏教です。大乗仏教は、すべての人を救うという利他の教えを主張し、菩薩の精神と行を説き、慈悲の心でそれを実践することを強調しました。この大乗仏教の代表的な僧としてインドの龍樹《りゅうじゅ》（一五〇～二五〇頃）、天親《てんじん》（世親ともいう、四〇〇～四八〇頃）が有名です。龍樹は「空」を説き、天親は浄土に生まれる教えを説きました。

「大乗」の「乗」とは、迷いの世界から悟りの世界に渡るための乗り物ということで、教えのことです。「大きな乗り物」とは、自分一人だけの悟りを目指すのではなく、すべての人々の悟りを目指すことをたとえています。つまり、「大乗仏教」とは、自らの悟りとともに、他人をも悟り導くことを目指す教えです。

これに対して、「小乗」とは「小さな乗り物」との意味で、自らの悟りのみを目指す教えのことです。仏教では、自らの悟りを目指すことを「自利」と言い、他人を悟りに導くことを「利他」と言います。「小乗仏教」は「自利」のみを目指すのに対して、「大乗仏教」は「自利利他」の完成を目指します。さらに言えば、「自利」よりも「利他」を強調するのが「大乗仏教」です。仏の悟りを目指して修行する者のことを「菩薩」と言いますが、大乗仏教では、「菩薩」は「自利利他」(特に利他)の業を完成させてはじめて「仏」となるのです。

ちなみに、「小乗仏教」では、仏となった釈尊は別格であると考え、弟子は仏よりわずかに下の「阿羅漢」になることを目指します。「小乗仏教」との呼び名は「大乗仏教」の側から「部派仏教」(特に上座部系)を批判的に呼んだ呼び名です。正確には「部派仏教」「上座部仏教」と呼ぶべきです。

㋺大乗仏教

大乗仏教の起源とされるのが仏塔信仰、仏伝文学、大衆部の部派仏教だと言われています。

部派仏教の時代になってからの仏教は、哲学的・観念的に複雑化して、在家の信者からは遠い存在になっていました。そんな中で、在家の信者たちは、仏塔を礼拝するとによって釈尊を偲び、本来の仏教を求めたのでした。

その頃、多くの仏伝文学が作られました。釈尊を慕う人々の記憶の中で、釈尊が偉大になればなるほど、釈尊は前世でも修行をしていたのではないか、と考えられるようになりました。有名なのは、「ジャータカ」という、釈尊の前世物語です。その中で、釈尊はさまざまな姿で登場し、他の為に自らの命をかけるような行い（利他行）をしています。その功徳によって、この世ですばらしい悟りを開いた、と考えたのです。仏塔には、仏伝図やジャータカの彫刻が多く刻まれているので、仏塔信仰と仏伝文学は相互に密接な関係にあり、大乗仏教の成立に大きな影響を与えたと考えられています。

また、大乗仏教経典が高度な理論体系によって成り立っていることから、進歩的改革派の大衆部派仏教の出家僧侶たちの影響も大きかったと考えられています。

釈尊の修行時代を「菩薩（悟りを求める者）」と呼んだのも、この頃からのようです。

インドから広く国外へ伝えられた仏教は、大きく二つの方向をたどっていきました。一つは、スリランカ、ミャンマー、タイ、カンボジアなどの南伝仏教で、もう一つは、パミール高原を北に超えて、西域地方からシルクロードを通って中国、朝鮮、日本へと伝わった北伝仏教です。

西北インドからアフガニスタン・パキスタン地方に伝わった仏教は、しだいに中国にも伝わっていきました。中国の法顕《ほっけん》（三三七～四二二頃）、玄奘（六〇〇～六六四）、義浄《ぎじょう》（六三五～七一三）は釈尊の生まれたインドの聖地を巡拝し、仏典収集のために多くの困難と長い年月を費やしたのち、それらを中国に持ち帰りました。このような交流の積み重ねによって、異質な文化圏であった中国に仏教が伝わりました。

中国に伝わった経典は、文化・習慣・言語などの多くの困難を経て漢語に訳されました。この漢訳経典によって中国仏教が形成されました。当初は儒教・道教と融合されていて、当時の人々は、仏教を道教の一部として理解していたようです。

中国からは多くの高僧が出ました。道安《どうあん》（三一二～三八五）は仏教は道教とは別で、独自に研究・理解すべきだと提唱しました。また、仏弟子は「釈」をもって姓とすべきであるとして、自ら「釈道安」と名乗りました。

北魏の時代、曇鸞《どんらん》（四七六～五四二）は「観無量寿経《かんむりょうじゅきょう》」を授けられ、浄土教を深く学び、『往生論註』を著しました。中国浄土教の祖とされています。

道綽《どうしゃく》（五六二～六四五）は『安楽集』を著し、末法の世における浄土門の意義を説き、善導《ぜんどう》（六一三～六八一）は『観経疏《かんぎょうしょ》』を著し、念仏往生の思想を確立しました。

また北魏のころ菩提達磨《ぼだいだるま》（?～五二八?）がインドから来て、中国に独自の禅法を伝えました。禅宗は宋代に盛んになり、中国仏教の主流をなすようになりました。智顗《ちぎ》(五三八～五九七）は「法華経《ほけきょう》」や「大智度論《だいちどろん》」を学び、「法華経」を中心とする教義体系を確立しました。特に天台三大部が有名で、「法華文句」「法華玄義」「魔訶止観《まかしかん》」があります。

その壮大な仏教哲学は後世の中国・日本仏教に大きな影響を与えました。

★和尚の余計な独り言　其七

インドの龍樹（十住毘婆沙論《じゅうじゅうびばしゃろん》）、天親（浄土論《じょうどろん》）、中国の曇鸞、道綽、善導、日本の源信、源空（法然）を浄土真宗では七高僧と呼び、讃えています。浄土思想の流れを親鸞に届けた高僧です。

後程述べますが、親鸞は、教行信証の中でも七高僧について解説していますし、それを抜粋した「正信偈《しょうしんげ》」というお経にも七高僧が出て来ます。注意して「正信偈」を読んでみましょう。浄土真宗寺院の本堂の余間《よま》には七高僧図が掛かっている場合が多いです。気を付けて見てみましょう。（P102参照）

★和尚の余計な独り言　其八

南伝仏教が小乗仏教（部派仏教・上座仏教）の流れで、北伝仏教が大乗仏教の流れです。

大乗仏教の菩薩が修めなければならない六種の修行を「六波羅蜜《ろくはらみつ》」といいます。

波羅蜜とは、「到彼岸」と漢訳されています。「迷いの世界（此岸）から、悟りの世界（彼岸）に到る」との意味です。具体的には、次の六種です。

①布施（施しをすること）。
②自戒（戒律を守ること）。
③忍辱（耐え忍ぶこと）。
④精進（努力すること）。
⑤禅定（精神を統一し、安定させること）。
⑥智慧（真実の智慧〈悟り〉を得ること）。

また、布施については無財の七施が説かれています。

①眼施（眼差しの施し）。
②和顔悦色施（笑顔の施し）。
③言辞施（言葉の施し）。
④身施（行いの施し）。
⑤心施（心の施し）。
⑥床座施（座席の施し）。
⑦房舎施（住まいの施し）。

①布施　②自戒　③忍辱　④精進　⑤禅定　⑥智慧　の六種の修行も現代の私たちの生活の指針になります。「布施」と言えば、お坊さんに対してのお礼のお包みを連想してしまいますが、人は皆他者に色々な施しをし（利他）、また、周りの人から色々な施しを受けながら生活をしていると理解すべきです。

お布施と言えば、金品を連想してしまいがちですがそうでない「無財の七施」があることを覚えておきましょう。眼差し、笑顔、言葉、行い、心等の布施は、誰でも可能な布施で、ギクシャクした現代社会の潤滑剤になることは間違いありません。自らが意識して無財の布施ができるように心がけましょう。また、眼差し、笑顔と言えば、仏像の顔です。仏像の如来様や菩薩様のお顔をよく見てください。極めて優しい眼差しで私たちを見つめてくださり、何とも言えない微笑みを含む口もとのお顔は「無財の布施」そのものです。

■仏教の日本伝来と展開を学ぼう

㋑仏教の日本伝来

仏教は四世紀末には朝鮮半島に伝わりました。当時は高句麗《こうくり》・百済《くだら》・新羅《しらぎ》の三国時代で、三国に伝わり発展した仏教はのちに日本へ伝えられました。

やがて朝鮮半島を統一した新羅では、阿弥陀信仰・弥勒信仰・観音信仰などが流行しました。また中国から天台宗が伝わり、禅宗系の曹渓宗《そうけいしゅう》が興りました。

仏教が日本に伝来したのは、西暦五三八年です。百済の聖明王の使者が、仏像・仏具・経典を持って日本にやってきました。仏教は百済の対日外交政策の一環でしたが、仏教を受けいれるかどうかは、当時の大和朝廷にとっては大問題でした。仏教受けいれ賛成派（崇仏派）の蘇我氏と反対派（排仏派）の物部《もののべ》氏との間に勢力争いがありましたが、最終的には蘇我氏が勝利し、仏教反対の勢力は衰えました。

推古天皇の摂政であった聖徳太子（五七四～六二二）は、深く仏教に帰依し、仏教精神に基づく政治を行いました。十七条の憲法には「篤く三宝を敬へ。三宝とは仏・法・僧なり」とあり、人々が生きる心構えと依りどころを仏教に求めています。その他、法隆寺・

四天王寺等の多くの寺院を建立し、仏教の研究も熱心に行いました。「法華経」「勝鬘経《しょうまんぎょう》」「維摩経《ゆいまきょう》」の注釈書である「法華経義疏」「勝鬘経義疏」「維摩経義疏」（三経義疏《さんぎょうぎしょ》）を著したと伝えられています。聖徳太子はこのような功績をたたえられて、後世の人々から「観音菩薩の化身」と仰がれるようになりました。なお、親鸞聖人は聖徳太子を「和国の教主聖徳王」と褒め称えています。

㋺奈良時代の仏教

奈良時代には、仏教は国の保護を受け、ますます発展しましたが、鎮護国家のための仏教という傾向が強く、いわゆる国家仏教としての性格が明瞭になってきました。聖武天皇によって建てられた東大寺や藤原氏の氏寺の興福寺などを中心に、多くの僧侶が要請され、仏教の学問研究が行われました。

「僧尼令《そうにりょう》」によって、国は得度《とくど》・受戒《じゅかい》の権限を掌握し、僧侶の生活までも厳しく規制していました。宗教活動は寺院内に限られ、国の平安を祈ることを主な責務とし、一般民衆を教化することは禁じられていました。

東大寺の大仏を建立したのも、祈祷による国家守護に価値を認めていたからです。民衆のために土木事業を行ったり、民衆を教化したりした行基《ぎょうき》（六六八〜七四九）は、朝廷の迫害を受けました。これは、宗教者による民衆の教化が、国家権力に対抗する社会勢力を創り出すことを、恐れていたからだと考えられています。

僧侶は行動を厳しく規制されていましたが、生活は国から保証されていました。国家は仏教教学の研究を奨励し、南都六宗（三論宗・法相宗・成実宗・倶舎宗・華厳宗・律宗）が成立しました。ここでいう「宗」とは、現在の「宗教・宗派」のようなものではなく、学派的な存在です。当時の僧侶の多くは複数の宗を学んでいました（兼学）し、奈良の寺院には多くの宗が同時にありました。

㈧平安時代の仏教

平安時代には、遣隋使・遣唐使の派遣によって当時の中国の文化や宗教を学ぶことが盛んにおこなわれました。伝教大師最澄《でんぎょうだいしさいちょう》（七六八〜八二二）が天台宗を比叡山に、弘法大師《こうぼうだいし》空海《くうかい》（七七四〜八三五）が真言宗を高野山に開きました。

最澄は、それまでの東大寺戒壇（南都仏教）における受戒制度に対して、新しく比叡山に、独自の大乗戒壇の建立を目指しました。この行為は南都の諸宗から反発を受けましたが、最澄の死後七日目に、大乗戒壇の建立が認められました。これによって、国家仏教から独立した宗派が成立しました。

しかし、その天台宗もやがて密教化して、国家や貴族の平安を祈願する祈祷中心の仏教となりました。結局のところ、国家仏教の性質は残ったのです。ただし、民衆のための祈祷も行われ、天台宗の流れの中で浄土教が発展する土台ができました。仏教が民衆に一歩近づいた時代でした。

㈢鎌倉時代の仏教

鎌倉時代には、多くの僧侶が直接民衆に仏教を伝えるようになります。

鎌倉時代の仏教は、浄土教・禅・日蓮宗の三つの系統に分けられます。

浄土教の系統では、浄土宗を開いた法然《ほうねん》、浄土真宗を開いた親鸞《しんらん》、そして、時宗を開いた一遍《いっぺん》（一二三九～一二八九）。

禅の系統では、臨済宗を開いた栄西《えいさい》（一一四一～一二一五）、曹洞宗を開いた道元《どうげん》（一二〇〇～一二五三）。

そして、日蓮宗を開いた日蓮《にちれん》（一二二二～一二八二）です。

一遍以外は、いずれも比叡山に学びながら、相次いで山を下り、民衆に仏教を伝えていった僧侶たちです。彼らの活動によって、国家仏教であった日本の仏教が、すべての人のための仏教、つまり、仏教本来の姿にもどったと言ってもよいと思います。

第四章　親鸞の生涯から学ぼう

親鸞聖人《しんらんしょうにん》が生涯をかけて求めた道は、「生死出づべき道（生死の迷いから出ることのできる道）」（恵信尼《えしんに》消息）であると言われています。生に迷い、死におびえて生きる私たちに、生死を超える道を示し、生きる意味と死ぬ意味を説いたのが親鸞聖人なのです。

親鸞聖人が明らかにした仏教（浄土真宗）を学ぶ上で、親鸞聖人の人生を見つめることには大きな意味があります。どのような家系・家庭環境で、どのような時代を生きたかということが、親鸞聖人の思想・求道に大きな影響を与えているからです。

■親鸞の誕生

親鸞聖人は、平安時代の末、一一七三（承安三）年五月二十一日（旧暦四月一日）に、京都の東南の日野の里で生まれました。

父は日野有範《ひのありのり》、母は吉光女《きっこうにょ》であると言われています。日野家は藤原氏末流の下級貴族で、父・有範は皇太后宮大進という役職でした。後に出家して三室戸の寺の僧侶になったようです。母・吉光女は、源氏の流れをくむ女性（源義親《みなもとよしちか》の娘か孫か）であり、親鸞が八歳の時に亡くなったのではないかと言われています。親鸞の幼名は松若麿と言い、尋有・兼有・有意・行兼の四人の弟がいました。

親鸞聖人が生まれた平安時代の末は、日本の歴史の大きな転換期でした。藤原氏を中心として長く続いていた貴族政治が、武家政治に取って代わられた、激動の時代だったのです。

保元《ほうげん》の乱（一一五六年）・平治《へいじ》の乱（一一五九年）は、宮廷・貴族間の対立でしたが、結局は武士の手を借りて解決しました。

親鸞聖人が生まれた一一七三年は、平治の乱によって平家が政権を握ってから十四年目で、その勢力が最も盛んな時でした。

次第に平清盛の専制政治に不満を持つ者が増えるようになり、ついには一一八五年、源頼朝の命を受けた源義経に攻められ、平家は長門《ながと》の壇之浦で滅亡したのです。

世の中の混乱を一層深刻にしたのが天災地変の続発でした。地震・大風・大火・飢饉・疫病などが相次ぎ、京の都に死者があふれたのです。鴨川に捨てられた死骸が川の流れをせき止めて、洛中に水が溢れ出たとも伝えられています。

当時、人々は不安におびえながら苦しい生活を送っていました。多くの人は生きる意味を問わずにはおれなかったのではないでしょうか。

■親鸞の出家

親鸞は、一一八一（養和元）年、九歳の春に伯父の範綱《のりつな》に伴われて、京都の青蓮院《しょうれんいん》で出家（得度）しました。戒師は慈円《じえん》僧正で、名前は範宴《はんねん》としました。

以後、範宴（親鸞聖人）は天台宗の僧侶として研修に励む身となりました。

出家の理由はよくわかっていませんが、父の日野有範一家が没落したためではないかと言われています。出家に付き添ったのが父ではなく伯父であったことや、父・有範と四人の弟が皆出家していることを考え合わせれば、有範一家にただならぬことが起こったと考えるのが自然かもしれません。

親鸞聖人が青蓮院の慈円僧正を訪ね、得度の儀式を受けたいと申し出た時、夕方遅かったので、慈円僧正は「今日はもう遅いから、得度の儀式は明日にしましょう」と答えましたが、親鸞聖人は、

明日ありと思ふ心のあだ桜
　夜半に嵐の吹かぬものかは

という和歌を詠んだと言われています。「明日があると思っていても、今は満開に咲いている桜が、夜中に嵐が吹いて散ってしまうかもしれない。それと同じで、私の身も心も明日はどうなるかわからない」との意味です。つまり、「明日はどうなるかわからない我が身だからこそ、今すぐ得度の儀式をして欲しい」ということです。慈円僧正はこの和歌に感動して、すぐに得度の儀式をしたと伝えられています。こうして、親鸞聖人は、幼いころから仰いでいた比叡山に登っていきました。

慈円（一一五五〜一二二五）は慈円慈鎮和尚とも呼ばれ、摂政関白であった藤原忠通《ふじわらただみち》の子であり、後に関白となる九条兼実《くじょうかねざね》（藤原兼実）の弟です。出身が摂関家であるため、後に四度も天台座主《てんだいざす》についた高僧です。

★和尚の余計な独り言　其九

蓮如上人（本願寺第八代門主）は、「仏法に明日と申すことあるまじく候ふ（仏法においては、明日ということがあってはならない）」（蓮如上人御一代記聞書）と言っています。仏法に限らずさまざまな事をついつい先延ばしにしてしまう私たちです。そんな私たちに「今」の大切さを教えてくれる警告であるとも言えるでしょう。「明日ありと……」の和歌と共に味わってみましょう。

■比叡山での修行

その頃の比叡山は　天台宗の根本道場であり、日本の仏教の最高学府として、東塔《とうとう》、西塔《さいとう》、横川《よかわ》に沢山の僧院があり、多くの僧侶が集まっていました。天台宗は「聖道門《しょうどうもん》」の教えとして、自分が自覚して、自らを磨いて仏の悟りに至る道を説く宗派です。その修行の厳しさは、今も比叡山で行われている回峰行《かいほうぎょう》や籠山行《ろうざんぎょう》によっても十分知ることができます。

出家した親鸞は、天台宗の僧侶として比叡山で修行しました。当時の比叡山は、天台宗の根本道場であったばかりでなく、日本における最高の総合大学のような存在でした。比叡山には、天台宗の開祖・伝教大師最澄（七六七〜八二二）が定めた『山家学生式《さんげがくしょうしき》』に従って、十二年間山に籠って修行に専念する厳しい籠山の制度がありました。また、比叡山の峰々の諸堂で読経・礼拝をしながら山道を歩き回る回峰行（千日回峰行）などの修行も行われていました。親鸞聖人が修行していた頃の比叡山は、階級制度に縛られていたり、僧侶集団が互いに争っていたりなど、世俗化していたともいわれていますが、心ある修行者は命がけで修行に励んでいたようです。

親鸞聖人が比叡山でどのような学問修行をしていたかは定かではありませんが、のちに書かれた書物などから仏教や天台宗の教えを深く学んでいたことが想像できます。九歳から二十九歳の二十年間、比叡山でさまざまな修行に取り組んだものと思われます。

親鸞聖人の妻の恵信尼の手紙には、

「殿（親鸞聖人）の比叡の山に堂僧つとめておはしましけるが、山を出でて、六角堂に百日籠らせたまひて……」（恵信尼消息）とあることから、比叡山を下る二十九歳の時点では、堂僧であったことがわかります。堂僧とは、常行三昧堂《じょうぎょうざんまいどう》で不断念仏を行う修行僧のことです。また常行三昧とは、堂内の阿弥陀仏像の周囲を、口に阿弥陀仏の名を称え、心に阿弥陀仏を念じながら九十日間歩き続ける行のことです。「魔訶止観」には「歩歩声声念念ただ阿弥陀仏にあり」とあります。

天台宗は、自らの力をたよりに修行して、煩悩を滅し、悟りに至ろうとするもの（聖道門）でした。親鸞聖人は厳しい学問修行によって自らの心を磨き、悟りを目指しましたが、励んでも励んでも煩悩がなくならず、自分の心の醜さが見えてきたのかもしれません。後に、親鸞聖人の曾孫の存覚《ぞんかく》聖人が、その時の心境を想像しています。

「定水を凝らすといへども識浪しきりに動き、心月を観ずといへども妄雲なほ覆ふ」

（嘆徳文《たんどくもん》）

（心を一点に集中し、安定させる、といっても、水面がすぐに波立ってしまうように、いろいろな想いが浮かんでしまう。清浄なる心（仏）を観るといっても、月がすぐ雲に覆われてしまうように、妄想や妄念に覆われて隠れてしまう）と伝えています。

聖道門とは、自らの力（自力）をたよりにして、悟りを得ようとする教えで、一方、浄土門《じょうどもん》とは、仏の力（他力）によって悟りを得ようとする教えです。ただし、一般仏教では、一〇〇％自力か一〇〇％他力かではなく、聖道門でも他力の部分を認め、浄土門でも自力の部分を認めます。しかし、浄土真宗は一〇〇％他力（阿弥陀仏の本願力）です。天台宗は基本的には聖道門ですが、比叡山の横川で源信和尚が浄土教を伝えており、親鸞聖人はそれを学んでいたと思われます。法然聖人は、源信和尚の『往生要集』の要は、他力の称名念仏を説くことにある、と言っています。

■親鸞　比叡山を下る

親鸞聖人は、苛酷な行に挑戦してもなお、悟りの境地に至ることができませんでした。苦悩の日々を送っていたことは、親鸞聖人がいかに念仏に励み、自力の修行を行っても、心の安らぎを得ることができなかったことを表しています。かえって自分の非力さ・無力さ・罪の深さ等をひしひしと感じたのです。

比叡山の修行に行き詰まりを感じた親鸞聖人は、二十九歳の春、比叡山を下りました（釈尊がひそかに王城を抜け出し、修行の道に入ったのも二十九歳の時です）。そして、京都の六角堂（頂法寺）に百日間参籠しました。六角堂は聖徳太子の創建と伝えられる寺で、久世観音菩薩《くぜかんのんぼさつ》が本尊です。親鸞聖人は聖徳太子を「和国の教主」と讃えて敬っていましたので、比叡山での求道生活に疑問を感じ、これからの歩むべき道を尋ねたいとの願いがあったのでしょう。恵信尼の手紙によると、六角堂に参籠中九十五日目の明け方、夢の中（夢告）で久世観音菩薩が偈文《げもん》を唱えて、これからの道を示してくれた、といわれています。

このとき親鸞聖人は、すでに法然聖人の噂を耳にしていたと思われます。当時、法然聖人は、出家・在家を問わず、念仏一つですべての人が救われるという道を説いていて、多くの信者を集めていました。従来の教えを守っている人にとっては、出家者も在家者も、自戒の者も破戒の者も、平等に救われることなどあり得ないことであり、法然聖人の教えは、世の中を乱すとんでもない邪説であるとして激しく非難されていました。そんな状況の中で、比叡山を捨てて法然聖人の下へ行くことは、大変大きな決心がいることでした。この後、六角堂に百日参籠したのは、心にけじめを付けるためであったと言われています。

親鸞聖人は、法然聖人の門をたたいたのでした。

聖徳太子が夢で現れたということは、俗な言い方をすれば、夢のお告げを受けたということです。夢は、普段意識していないもっと深い領域・深層心理か現れたものであると考えられます。つまり親鸞聖人は、夢によって自分の心を再確認したと受け取るべきでしょう。

■法然聖人の下へ

親鸞聖人は、法然聖人に会うために吉水《よしみず》の草庵を訪ねました。そこには、貴族や武士や農民など、さまざまな身分の人が集まっていました。それまでの日本の仏教は国家仏教であり、貴族と僧侶以外の者が仏教の教えを聞くことはありませんでした。そのような仏教をすべての人々に開放し、釈尊本来の姿にもどした一人が法然聖人でありました。

親鸞聖人は、それから百日間、欠かさず法然聖人のもとを訪ねました。善人も悪人もすべての人が同じように救われる念仏の道があることを聞き、これこそ自らの歩むべき道であると確信しました。親鸞聖人は、どうしても煩悩から逃れられない自分に悩んでいましたが、そのままの自分でも救われる道があるという、浄土の教えにここではじめて出逢うことができたのです。親鸞二十九歳、法然六十九歳の時のことでした。親鸞聖人は、その時のことを後に「雑行を捨てて本願に帰す」（教行信証）と述べています。

これは、親鸞聖人にとって人生最大の精神的転換でした。これ以後、阿弥陀仏に対する信仰に生きる喜びの日々が始まったのです。法然聖人は親鸞聖人（範宴）に綽空《しゃっくう》との法名を授けました。浄土門の道綽禅師の「綽」と源空（法然）聖人の「空」からの法名です。

法然聖人は幼名を「勢至丸」といい、一一三三（長承二）年、岡山の美作《みまさか》に官僚の子として生まれました。九歳の時、父の時国が政敵源内定明《げんないさだあき》の夜襲をうけ、瀕死の重傷を負います。敵討ちを誓う勢至丸に父は「敵を討ってはならない。敵を討てば、また相手がこちらを敵として狙うだろう。それではいつまでたっても恨みは消えない。仏門に入って、恨みを超える真実の道を求めよ」と言いました。それがきっかけで、叔父の寺に入り、十三歳で比叡山に上り、十五歳で出家しました。天台宗の教えを学び「智慧第一の法然坊」と呼ばれました。

「一心に弥陀の名号を専念して、行住坐臥《ぎょうじゅうざが》、時節の久近を問はず、念々に捨てざるをば、これを正定の業と名づく、かの仏願に順ずるがゆゑに」（中国の善導大師の『観経疏』）

「ただひとすじに阿弥陀仏の名号を称え、歩いている時も止まっている時も、坐っている時も臥せている時も、いついかなる時も、時の長短を問わず、一瞬一瞬、相続して捨てないのを正定業と言う。阿弥陀仏の本願に従うからです」

四十三歳の時にこの文に出逢ったことで、浄土教に転向し、念仏の道を歩みました。その後、比叡山を下って吉水に住み、民衆のためにひたすら念仏の教えを説き続け、八十歳で往生しました。

法然聖人の教えを一言でいえば「専修念仏《せんじゅねんぶつ》」です。すなわち、「ただ念仏して、阿弥陀仏に救われていく教え」です。阿弥陀仏が本願の中で、すべての人が救われる道として、念仏を選び取ったということから、「選択本願念仏《せんじゃくほんがんねんぶつ》」の教えといいます。

法然聖人は、著書『選択本願念仏集』で、さまざまな修行の中で念仏（称名《しょうみょう》）一つを選び取っています。

念仏することが阿弥陀仏の願い（本願）にかなった行為であり、阿弥陀仏が、煩悩だらけの凡夫である私の救われる道として、念仏を選んだのだから、阿弥陀仏の心に従うだけであると言いました。

また、念仏は仏の救いの働きが詰まった勝《すぐ》れた行であり、誰でも行うことができる易しい行だと法然聖人は言っています。ただし、念仏は易しい行だから、「楽でいい」ということではありません。根底には、阿弥陀仏のすべての人を救わずにはおかないという、平等の大悲心があります。

この念仏は、たくさん称《とな》えれば、その見返りとして救われる、というものではありません。念仏を称えるということは、必ず救うという阿弥陀仏の願い・決心（本願）を受け入れる姿であり、阿弥陀仏の救いのはたらきに包まれているということを意味します。

法然聖人からの教えを受け、親鸞聖人は、「私が一生懸命に修行して仏の悟りに近づく」という、「私から仏」という方向（自力）から、「仏の救いのはたらきを受けいれる」という「仏から私」の方向（他力）へと考え方の大転換がなされ、救われたのでした。それは、「真実を体得し、真実に生きる生き方」から、「真実を仰ぎ、真実に生かされる生き方」へと転換したと言ってもいいと思います。

『選択本願念仏集』は、関白の九条兼実の要請によって書かれた書物です。読み終わったら壁に埋めて欲しいと法然聖人が言ったとされるほど、当時としては誤解を受けやすい危険な内容の書物でした。事実、法然聖人の没後に猛烈な批判を受けています。

この書物の書写は信頼のおける数名の弟子にしか許されていませんでしたが、入門して僅か四年の若い親鸞聖人（三十三歳）が、その書写を許されたということから、いかに法然聖人から信頼されていたかが窺えます。

法然聖人以前の浄土教は、一宗として独立したものではなく、他の教えの付属的なものでした。それが、法然聖人によって浄土宗として独立し、仏教の根源的な意味をあらわすものとして、その位置付けが明らかになりました。

■承元《じょうげん》の法難　法然・親鸞が流罪

㋑念仏の弾圧

吉水の法然聖人のもとで過ごした日々は、大変充実しており、その後の親鸞聖人の一生を方向付けるかけがえのない日々でした。しかし、そのような平穏で充実した生活は長くは続きませんでした。

法然聖人のもとに多くの人々が集まることを快く思っていなかったのが、比叡山や奈良の伝統仏教教団の僧侶たちでした。一二〇四年、比叡山の僧侶たちは、天台座主に専修念仏の禁止を訴えました。理由は、吉水の教団が念仏の教えを正しく理解していないこと、法然聖人のもとに多くの一般人が集まることへの妬み、その人たちの中に戒律を守って修行する僧侶を軽視する者がいたり、また念仏をしていればなにも恐れるものはない、と悪事を行うものがいたことなどです。

これに対して、法然聖人は「七箇条起請文《しちかじょうきしょうもん》」を書き、弟子一八六人の署名（親鸞聖人は、僧綽空として署名しています）を添えて送ったので、一応事なきを得ました。しかし、その翌年奈良の興福寺が専修念仏を禁止させるために「興福寺奏状」を朝廷に差し出すなどしました。その中では、法然教団の九箇条の過失が挙げられていました。これは、従来の仏教教団から見れば当然の理由でしたが、朝廷の中にも、九条兼実など、法然聖人の教えをよろこぶ人々が多くいたこともあってか、最初は取り上げられませんでした。

しかし、時の権力者である後鳥羽上皇の可愛がっていた女官の鈴虫・松虫が、上皇の留守中に、法然聖人の弟子の住蓮房・安楽房の行った念仏会に参加し、そのまま出家したことが上皇の怒りに触れました。

ついに朝廷は専修念仏を禁じ、教団を解散せよ、との命令を出しました。

住蓮房・安楽房など四名が死罪、八名が流罪となりました。法然聖人は、藤井元彦との俗名で四国へ、親鸞聖人は、藤井善信との俗名で越後へ流罪となりました。当時は僧侶を罰することができなかったため、還俗《げんぞく》させて、藤井との姓を与えてからの罪の執行でした。

この事件は、承元元（一二〇七）年に起こった、仏法に対する困難な事件との意味で「承元の法難」と呼ばれています。法然聖人七十五歳、親鸞聖人三十五歳の時のことでした。法然聖人と親鸞聖人はこの後、一度も会うことはありませんでした。法然聖人の流罪先は土佐でしたが、実際は讃岐に留まりました。高齢の法然聖人を気遣ってのことだと考えられています。現在のまんのう町に住し、近くの善通寺にもお参りしたと言われています。

「主上臣下、法に背き義に違し、忿りをなし怨みを結ぶ」（教行信証）（天皇も臣下のものも、法に背き道理に外れ、怒りと怨みの心をいだいた）と親鸞は後に記しています。

「もしわれ配所におもむかずんば、なにによりてか辺鄙の群類を化せん。これなほ師教の恩致なり」（もし、私が配所へ行かなかったら、田舎の人々をどうして教化することができたであろう。これは全く師・法然聖人のご恩の致すところです）。

「承元の法難」に対する親鸞聖人の受け取り方には、二つの姿勢が見られます。前者は、権力者に対して屈せず、おかしいものはおかしいと批判していること。後者は、無実の罪で遠い越後に流されたという事実に対して、不平不満をいうのではなく、遠くの地にお念仏を伝えるご縁であると、前向きに受け取っていることです。流された地を伝道の場として見る目が与えられたのは、法然聖人のご恩であると言っています。

㋺非僧非俗と愚禿釈親鸞

親鸞聖人が配流の生活を送ったところは越後の国府でした。この付近は今でも雪の多い地方として知られています。聖人は、この逆境の中で、ひるむことなく自己を見つめ、信仰を深めていったと考えられています。

親鸞聖人は「承元の法難」で越後に流罪になったことをきっかけに、「しかれば、すでに僧にあらず。俗にあらず。このゆゑに禿の字をもって姓とす」と、自らのことを「非僧非俗」と言い「愚禿釈親鸞」と名告《なの》っています。

当時は僧侶を罰することはできませんでした。僧籍を剥奪《はくだつ》されて俗人の藤井の姓を与えられての流罪でした。「非僧非俗」は、国家によって認められた僧侶ではない、との意味です。国家権力に対する批判を含んだ言葉と解すべきです。また、世俗の生活を送るような俗人でもない、と言っています。つまり、国に認められた僧侶ではないが、これからも真の仏道を求めていくとの決意の表れ、宣言なのです。「非僧非俗」の言葉は、念仏の教えが「僧侶か俗人か、出家か在家かに関係なく、救いの法となる」ことを表すと受け取るべきでしょう。

「愚禿釈親鸞」の「愚」とは「愚か」ということですが、現在の意味での愚かさではなく、「真実に対して無知である」との意味です。私たちは、自分にとって都合がいいものをむさぼり求め（貪欲）、都合の悪いものに怒ります（瞋恚）。このように、自己中心にしか物事が見られていない愚かさのことを「愚（愚痴）」と言います。

「禿」は「ハゲ頭」の意味です。外見は僧侶の姿をしていながら中身が伴わず、俗人と変わらない生活をしている者のことです。「愚禿」とは「僧侶でありながら、中身が伴っていない愚かな者」との意味です。「愚禿釈親鸞」の名告りは、謙遜・卑下ではなく、反省でもありません。釈尊の教えに対する、率直な自己の姿を言ったものと捉えるべきです。

法然聖人は出家の者も在家の者も、すべてのものが対象になる念仏の道を示しました。法然聖人自身は、生涯出家僧侶としての生活を送り、結婚しませんでした。当時、結婚することは仏法の戒律を破ることであり、僧侶は結婚しないのが当然だったのです。

それに対して、親鸞聖人は公然と結婚し子供を授かり、家庭を持つ生活の中で、在家仏教の道を歩みました。法然聖人は、「結婚した方が念仏しやすいのなら、結婚しなさい。一人の方が念仏しやすいのなら、一人で居なさい。念仏しやすい生活をしなさい」と言っています。これは「結婚するかどうかが問題なのではなく、念仏するかどうかが問題なのだ」との解釈をすべきです。

「非僧非俗」の言葉は、念仏の教えが、僧侶か俗人か、出家か在家かに関係なく、救いの法となることを表すものであるとも受け取れます。親鸞聖人が非僧非俗と言った在家仏教とは、仏教を世俗化したのではなく、世俗を仏教化する生き方でした。「世俗の仏教化」といっても、この世を仏教一色にするとの意味ではありません。世俗の生活を仏教の教えを確認していく場としていくこと、つまり普段の生活の中で仏教の教えに頷いていくということなのです。

★和尚の余計な独り言　其十

私たちは、仏教を現代に生かそうとするあまり、けっして仏教を世俗化してはいけません。世俗を仏教化する、世俗を仏教の教えを確認していく場としていくのです。世俗の生活を仏教の教えと確認していく場としていくこと、つまり普段の生活の中で仏教の教えに頷いていくということなのです。この方向性を間違わないようにしなければなりません。

法然聖人を慕う人々の働きかけもあって、法然聖人は、一年足らずで流罪を許されました（後鳥羽上皇の発願による最勝四天王院の御堂供養の恩赦）。しかし、京都に入ることは許されず、しばらく箕面《みのお》の勝尾寺に滞在しました。

法然聖人が京都に帰ることを許されたのは、四年後の一二一一（建暦元）年十一月十七日です。親鸞聖人の流罪が許されたのも、この日でした。

「親鸞」と名告り始めたのは流罪の頃です。天親菩薩の「親」と曇鸞大師の「鸞」からとった名前です。

親鸞聖人像

■越後での生活

越後において、親鸞聖人がどのような生活を送っていたのかは、明らかではありません。その頃の流罪人には、最初は一日にわずかな米と塩が与えられたそうですが、翌年には種が支給され、その次には種・米の支給もなくなり、自給自足の生活を強いられたと言われています。

流罪になって五年目、親鸞聖人が三十九歳の時（一二一一年十一月十七日）流罪が赦免されました。しかし、すぐには京都へ帰りませんでした。子供が生まれたばかりで、長旅は困難であったことと、二ヶ月後（一二一二年一月二十五日）に、法然聖人が京都において八十歳で亡くなった、との知らせが届いたことで、京都へ帰る意欲を失ったものと思われます。

■関東での伝道

流罪が許された後もしばらく越後にいた親鸞聖人は、四十二歳の頃、妻子を伴って越後を立ち、信州・善光寺などを経て、関東の常陸（今の茨城県）へと移りました。

関東に移った親鸞聖人は、小島（茨城県下妻市）の草庵や稲田（茨城県笠間市）の草庵などを拠点として、およそ二十年間、伝道に励みました。

親鸞聖人が関東に移住した理由は諸説あり、はっきりとはしません。

一説によると、常陸を中心に勢力を持っていた性信房《しょうしんぼう》の招きではないかと言われています。性信房は関東の代表的な念仏聖《ねんぶつひじり》で、後に親鸞の門下に入り、横曽根門徒の中心となった人です。

関東がもともと善光寺の勧進圏であったこと、また性信房が善光寺を経済的に助ける活動をしていたことから、性信房は善光寺聖でもあったと考えられています。

つまり親鸞聖人は、善光寺関係のつながりで、関東にやってきたのではないかということです。越後で別の善光寺聖に出逢い、その出逢いがきっかけで善光寺に向かい、その後、性信房の招きを受けて、妻子と一緒に関東に来たと考えられています。

親鸞聖人は、「親鸞は弟子一人ももたず候ふ」（歎異抄《たんにしょう》）と言うように、人々に対して、師匠と弟子という立場ではなく、「御同朋《おんどうぼう》・御同行《おんどうぎょう》」の精神で布教にあたりました。「御同朋・御同行」とは、信者たちは教えを授ける対象なのではなく、共に念仏の教えに生きる朋《とも》であり、同じ念仏の行者であるということです。

地域の人々は、そんな親鸞聖人を信頼し尊敬するようになりました。

しかし、皆が親鸞聖人を歓迎したわけではありません。念仏の教えが広まることを快く思っていない人たちもいて、命を狙われたこともあったと伝えられています。

山伏《やまぶし》の弁円は、修行者として皆に祈祷を勧めていましたが、呪いなどは行わないと説く親鸞聖人を怨み、何度も危害を加えようとしました。しかし、稲田の草庵に押し掛けた時に親鸞聖人の話をゆっくり聞くと、たちまち害心がなくなり、その場で弟子になりました。

このように、親鸞聖人はひたすら念仏の教えを人々に広めていったのです。

■『教行信証』の執筆

一二二四（元仁元）年、五十二歳の時、親鸞聖人は稲田の草庵（現在の西念寺）で『教行信証《きょうぎょうしんしょう》』（『顕浄土真実教行証文類《けんじょうどしんじつきょうぎょうしょうもんるい》』）の執筆を始めました。以後、この書の完成に二十年余りの歳月を費やしています。七十五歳の頃には一応完成したものの、生涯改定をし続けました。『教行信証』は、念仏の教えを正しく伝えるために、命を懸けて書いた書物なのです。

後に真宗教団が成立した時、この一二二四（元仁元）年を「浄土真宗」の教えが成立した「立教開宗」の年と定めました。

親鸞聖人の教えを受けて門弟となる人が次第に増加し、門弟の門弟等というかたちで組織が広がっていくと、やがて「講」と呼ばれる大きな宗教集団が出来あがりました。

一二二四（元仁元）年（親鸞聖人五十二歳）は、法然聖人の十三回忌の年でした。それを機会に念仏者が京都に集まり、活動が活発になってくると、比叡山延暦寺からの訴えが起こり、再び専修念仏停止の命令が下されました。

さらに三年後の一二二七（嘉禄三）年（親鸞聖人五十五歳）には、延暦寺の衆徒によって法然聖人の墓が壊されるなどの、念仏弾圧事件がありました（嘉禄の法難）。親鸞聖人は、このような京都の状況も耳にしながら『教行信証』の執筆に熱意を傾けたのだと思われます。

★和尚の余計な独り言　其十一

左の書は、称讃寺にある、真宗大谷派が所有する坂東本（国宝）の教行信証写真の写しです。

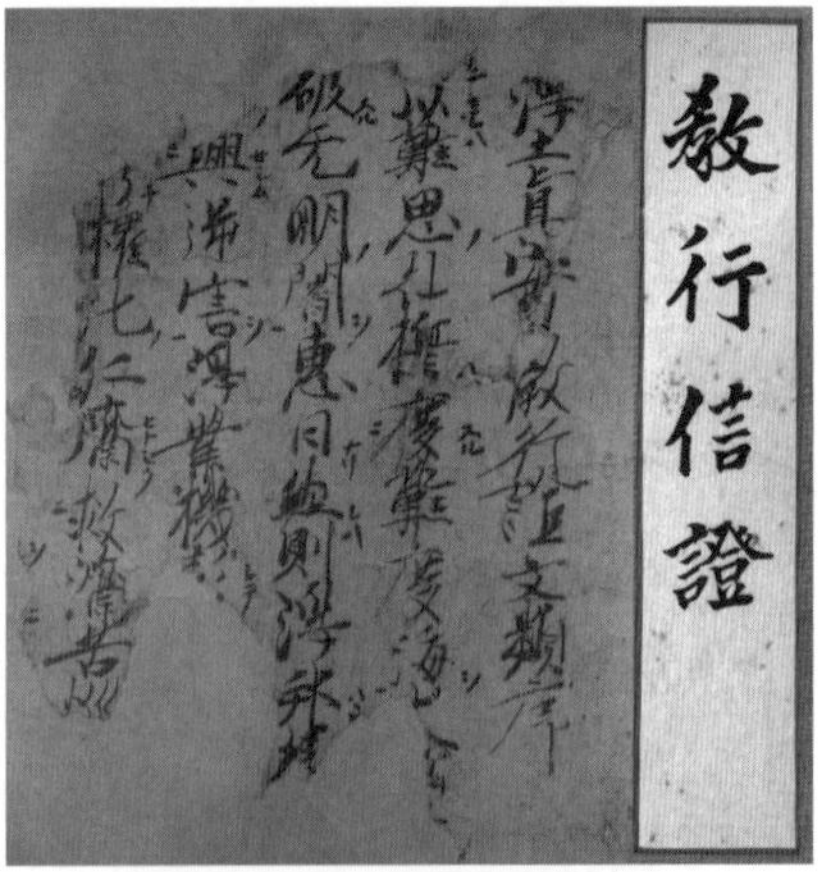

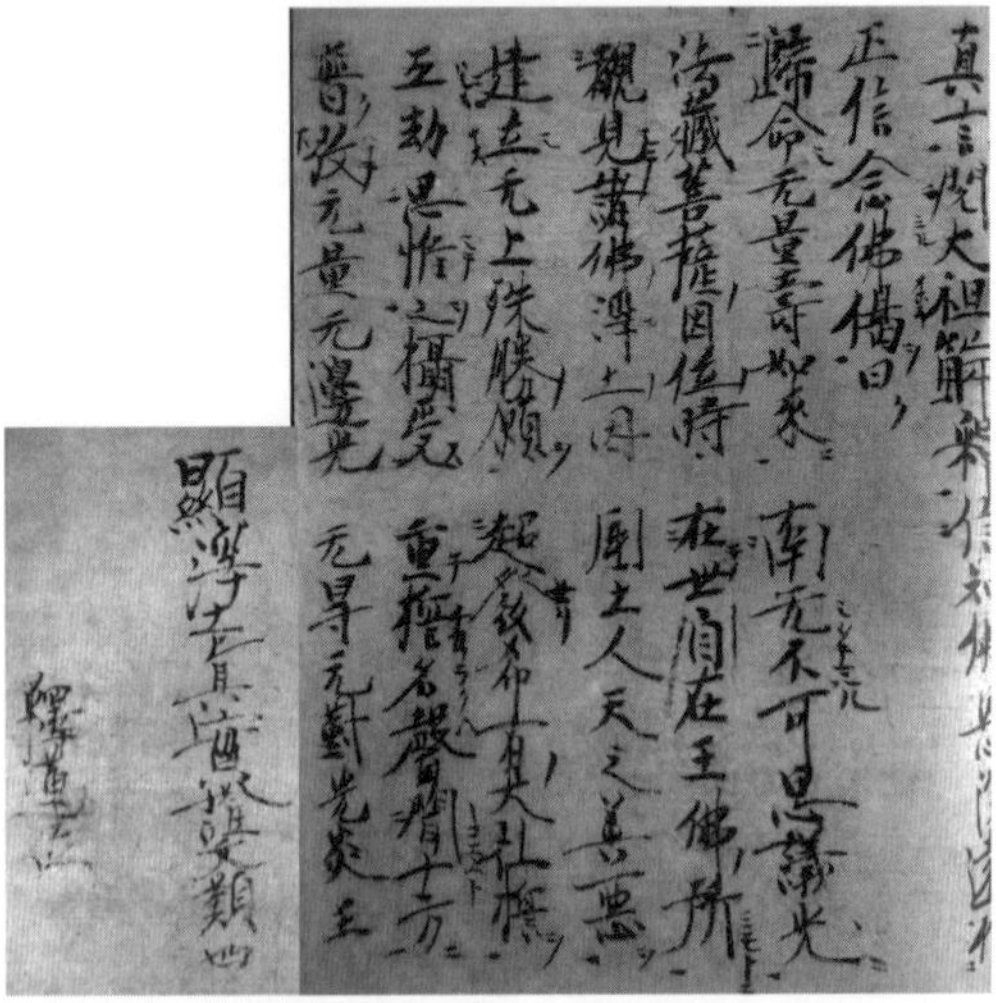

■帰洛　親鸞京都へ

親鸞聖人は、関東に住んで二十年あまり過ぎた頃、京都に帰ることを思い立ちました。名残を惜しむ多くの同行や門弟たちと別れて、帰洛しました。

このとき親鸞聖人は、六十二・三歳。

京都に帰った理由については諸説あるようですが、『教行信証』を改訂し完成させるために、種々の資料が手に入りやすい京都に帰ることを選んだというのが通説です。同書は改訂に改訂を重ねて一応七十五歳の頃には六巻が完成したとされていますが、その後も改訂が行われています。

京都での親鸞聖人は住居を転々としながら、念仏の教えを伝えるために、執筆活動に専念しました。

『教行信証』は漢文で書かれた専門書ですが、それだけでなく「和讃」も多く作りました。「和讃」とは平易な和語で仏・僧やその教えを讃嘆する（褒め称える）詩のことです。親鸞聖人が作った「和讃」は五百首を超えます。

後に分類されて『浄土和讃《じょうどわさん》』『高僧和讃《こうそうわさん》』『正像末和讃《しょうぞうまつわさん》』の三つにまとめられました。こ

★和尚の余計な独り言　其十二

親鸞の著作の代表は、『教行信証』と和讃です。両方とも非常によく組織だっており、内容は充実しています。教行信証は漢文の理論的な著書です。

一方、和讃は和文の七五調というとても親しみやすいリズムで綴られており、宗教感情を豊かに盛り込んだ作品です。

先述のように五百数十首が三代目の覚如《かくによ》上人の頃『浄土和讃』『高僧和讃』『正像末和讃』にまとめられました。『浄土和讃』は経典等をもとに阿弥陀仏とその浄土を讃嘆したもので、「現世利益和讃」十五首を含めて百十八首あります。『高僧和讃』は七高僧を讃えたもので百十九首です。『正像末和讃』は百十六首あります。正像末とは、仏教での釈尊入滅後の仏教流布の考え方で、正法の時代、像法の時代、末法の時代があるとされることが、その名の由来です。

如来大悲の恩徳は
身を粉にしても報ずべし
師主知識の恩徳も
骨をくだきても謝すべし

正像末和讃

阿弥陀仏の御名をきき
歓喜讃仰せしむれば

功徳の寶…ほう…を具足して
一念大利無上なり
浄土和讃の讃阿弥陀仏偈和讃

娑婆永劫…しゃばようごう…の苦をすてて
浄土無為を期すること
本師釈迦のちからなり
長時に慈恩を報ずべし
高僧（善導）和讃

真実信心うるひとは
すなわち定聚《じょうじゅ》のかずにいる
不退のくらいに入りぬれば
かならず滅度にいたらしむ
浄土和讃の大経讃

十方微塵世界《じっぽうみじんせかい》の
念仏の衆生をみそなわし
摂取して捨てざれば
阿弥陀となづけてたてまつる
浄土和讃の弥陀経讃

和讃をじっくり味わってみましょう。

れらを合わせて「三帖和讃《さんじょうわさん》」と呼んでいます。

『浄土和讃』『高僧和讃』は七十六歳頃、『正像末和讃』は八十六歳頃の執筆だとされています。現在、多くの法要で詠われている「恩徳讃《おんどくさん》」は『正像末和讃』の中にあります。

また、関東の門弟に教えを伝えるためににやり取りした手紙も多く残されています。これらを『親鸞聖人御消息《しんらんしょうにんごしょうそく》』（『末灯鈔《まっとうしょう》』）と呼んでいます。親鸞聖人のお気持ちや考え方を知るために、現在でも研究されています。

親鸞聖人が京都に帰ってから年月が経つと、関東では、念仏の教えを誤解する人が多く出てきました。「阿弥陀如来は、どんな悪人でも救ってくれるのだから、どんな悪いことをしても構わない（造悪無碍《ぞうあくむげ》）」「念仏だけで救われると言っても、少しは善い行いもしなければならない（専修賢善《せんじゅけんぜん》・賢善精進《けんぜんしょうじん》）」などの異議です。親鸞聖人は、この異議を正すために、京都から関東の地へ息子の善鸞《ぜんらん》を派遣しました。

ところが、関東に派遣された善鸞は「正しい教えは、私だけが、父の親鸞から、夜中にひそかに授かった」との嘘をつきました。この嘘がもとで、関東の信者たちの間に動揺が起こり、鎌倉幕府をも巻き込んだ混乱が生じました。結局、有力な門弟たちのいる関東の地で、善鸞は異議を正すための指導力を発揮することはできませんでした。

しばらくして、善鸞の言動を知った親鸞聖人は愕然とし、み教えを守るために、善鸞を義絶する（親子の縁を切る）ことを決断します。一二五六（建長八）年五月二十九日をもって、親鸞聖人は、善鸞との父子の縁を切ることを善鸞自身と主な門弟たちに伝えました。親鸞聖人御消息には「いまは親ということあるべからず、子とおもふことおもひきりたり。三宝・神明に申しきりをはりぬ。かなしきことなり」と、書かれています。いかに実子であっても、ことは信心と教団にかかわる大切な問題なので、黙って見逃すことはできませんでした。

善鸞の義絶事件は　親鸞聖人八十四歳、善鸞五十歳前後のことでした。高齢になって親子の情も縁も断たなければならなかったことは、とても厳しく、悲しい思いであっただろうことが推察されます。親鸞聖人の帰洛の後、妻の恵信尼は末娘の覚信尼《かくしんに》を京へ残して親鸞聖人の世話を頼み、自らは越後の米増《よねます》に帰りました。相続した土地などを管理しながら孫たちの世話をするためだったと言われています。恵信尼は、親鸞聖人の臨終にも立ち会うことはなく、親鸞聖人の死後も再び京都へ帰ることはありませんでした。

■往生

親鸞聖人は京都において、一カ所に定住せず、転々と居を変えていたようです。五条西洞院《にしとういん》の辺りにしばらく住んでいましたが、一二五五（建長七）年、八十三歳の時、住まいが火災で焼けたため、弟の尋有《じんう》が住んでいた三条富小路《とみのこうじ》の善法坊（現在の角坊別院《すみのぼうべついん》あたり）に身を寄せました。

そして一二六三年一月十六日（旧暦一二六二〈弘長二〉年十一月二十八日）、親鸞聖人は、九十歳で浄土に往生されました。末娘の覚信尼や弟の尋有、越後から駆け付けた益方入道《ますがたにゅうどう》（子）、数名の門弟たちに見守られる中でのことでした。

「仲冬下旬の候より、いささか不例の気まします。それよりこのかた、口に世事をまじへず、ただ仏恩のふかきことをのぶ。声に余言をあらはさず、もっぱら称名たゆることなし。しかうしておなじき第八日　午時　頭北面西右脇に臥したまひて、つひに念仏の息たえをはりぬ」と「親鸞伝絵《でんね》・御伝鈔」にあります。

曾孫の覚如聖人が書いた「改邪鈔《かいじゃしょう》」に「某　親鸞　閉眼せば、賀茂川にいれて魚にあたふべし」と、あります。有名な一節です。

新暦の一月十六日は、現在も親鸞聖人のご命日にあたり、その苦労を偲び、ご恩に報謝する法要を行っています。この法要を「報恩講法要」と言い、浄土真宗では最も大切にされている法要です。

親鸞聖人は、亡くなられた翌日には東山の麓、鳥辺野《とりべの》の南、延仁寺で火葬され、その翌日に遺骨が東山大谷《ひがしやまおおたに》（現在の知恩院《ちおんいん》付近）のお墓に納められました。聖人の墓は墓標に柵をめぐらした簡素なものだったと伝えられています。

親鸞聖人が亡くなった後、その教えを仰いでいた関東や京都の人々が、聖人の徳を慕って墓所に参詣するようになりました。参詣者は年々増えていったため、その便宜を考慮して、高田の顕智や門弟たちの協力で、墓所が移されることになりました。

一二七二（文永九）年、大谷の西、吉水の北にあった覚信尼の住まいの敷地内に、六角のお堂が建てられ、影像《えいぞう》を安置して、遺骨が移されました。覚信尼とその子孫が留守職としてお堂を守ることとなり、敷地やお堂は共有にして、みんなの力で維持することにしました。このお堂は「大谷廟堂《おおたにびょうどう》」と呼ばれ、後に「本願寺《ほんがんじ》」へと発展していきました。留守職が本願寺の門主となったのです。

その後、本願寺は多くの苦難に遭い、さまざまな地を転々としましたが、多くの人々の支えによって、現在まで本願寺と念仏の教えが護られています。

親鸞聖人の末娘・覚信尼は、大谷の地に廟堂を建立しましたが、第三代門主の覚如上人が、その廟堂を寺院としたことから、本願寺が始まりました。

それから約二百年後、第八代宗主の蓮如《れんにょ》上人によって教えが広まると、それを快く思わない比叡山の衆徒によって、大谷本願寺は破却されました（一四六五〈寛政六〉年・寛政の法難）。蓮如上人は近江に難を逃れ、その後、越前の吉崎に拠点を移しました。そこでも大きく教えが広がり、信者の農民たちが団結して、一向一揆を起こしたりしました。

そのような状況を憂いた蓮如上人は、一四七五（文明六）年に吉崎を離れ、大阪の河内《かわち》・摂津《せっつ》・和泉堺《いずみさかい》などを拠点に教化し、一四七八（文明十）年、京都山科《やましな》に本願寺を建立しました。山科本願寺は、次第に整備され栄えました。

ところが第十代門主の証如《しょうにょ》上人の時（一五三二年）、山科本願寺は、その勢力を恐れていた細川晴元に焼き払われてしまいました。そこで、本願寺は拠点を大阪石山御坊《いしやまごぼう》（蓮如上人が一四九六年に建てた坊舎）に移しました。これが現在の大阪城のあたりに建立された石山本願寺です。

一五七〇（元亀元）年には、天下統一を目指す織田信長によって、石山本願寺は攻撃されました（石山本願寺戦争）。十一年にわたる戦いの末、これ以上の犠牲者を出す事はできないと、第十一代門主の顕如《けんにょ》上人は信長と和睦し、石山本願寺を退去して、紀州鷺森《さぎのもり》に移りました。長男の教如《きょうにょ》上人は、信長との和睦に反対し、紀州雑賀《さいが》に移り住みました。

その後、本願寺は和泉貝塚、大阪天満《てんま》と移転しましたが、一五九一（天正十九）年、豊臣秀吉から京都六条堀川《ほりかわ》の土地を与えられました。ここに建てられたのが、現在の西本願寺（浄土真宗本願寺派）です。石山戦争で信長との和睦に反対した交戦派の教如上人は、一六〇二（慶長七）年に徳川家康の認可を得て、七条烏丸《からすま》に寺院を建立しました。これが、現在の東本願寺（真宗大谷派真宗本廟）です。

★和尚の余計な独り言　其十三

室町時代の第八代門主・蓮如上人は、極めて熱心な布教活動と、末寺・門信徒の組織化によって、本願寺教団を大きく発展させました。

ところが教団が大きくなると、信者の農民が団結して、各地で一向一揆を起こすようになります。

「阿弥陀如来を信じて、阿弥陀如来に我を任せば、極楽浄土に往生できる」という浄土真宗の教義は、結果的に、時の政治権力者に向けられていた民衆の関心のベクトルを、阿弥陀如来やその救いを説く僧・寺院へと方向転換させました。教団が発展すればするほど、各地の寺院を中心として、時の政治に異議を唱える集団が増え、暴動が起きて、政治権力側も無視できない状況になっていきました。

蓮如は、当初は比叡山と対立して京を追われたのですが、後には政治権力と対立して、それが石山戦争へと繋がっていったのです。

奈良や比叡山、高野山の仏教は各地の寺院で教義を解説したりしていましたが、民衆に向けての布教活動には積極的ではなかったようです。一方、親鸞以降の鎌倉仏教は、民衆への布教に軸足を置きました。親鸞も滞在していた新潟や関東では、かなりの人数が所属するファンクラブのようなものが、あちこちにできました。講と呼びます。

蓮如は、寛政の法難などで追われ、逃げまどいながらも、力強い布教をしました。寺院で布教するばかりではなく、各地の講へ自らが出向いて行き、「南無阿弥陀仏」の名号を自筆で書いて渡しました。蓮如自筆の名号は　現代でも沢山残っていて大切にされています。

また、蓮如が布教活動の手段として、全国の門徒へ発信した仮名書きによる法語の手紙（消息）は、御文章《ごぶんしょう》（御文《おふみ》）と呼ばれ有名です。口伝の法話は聞けば終わりで、後は記憶をたどるしかありません。一方、御文章（手紙・消息）はそれぞれの布教の内容を仮名交じりの口語文で表しています。こうすることによって、後になってもその内容を検証できるような布教をしたのです。この蓮如の布教形式によって、本願寺教団は飛躍的に拡大しました。蓮如が中興の祖と呼ばれる所以です。

御文章は、現在でも法要の際、読経の後に拝読されています。

・末代無智の御文章
・聖人一流の御文章
・白骨の御文章　などは有名です。

……いまにいたりてたれか百年の形体をたもつべきや、われやさき人や先、今日ともしらず明日ともしらず、おくれさきだつ人は、もとのしずくすえの露よりもしげしといえり、されば、朝には紅顔ありて、夕べには白骨となれる身なり、すでに無常の風きたりぬれば、すなわちふたつのまなこたちまちに閉じ、ひとつの息ながくたえぬれば、紅顔むなしく変じて、桃李のよそおいを失いぬるときは、六親眷属あつまりて、なげきかなしめども、さらにその甲斐あるべからず……

　葬儀の後に拝読されている、白骨の御文章の一節です。しみじみと味わってみましょう。

蓮如上人像

★和尚の余計な独り言　其十四

先述の第十一代門主顕如の時、教団の命運をかけて織田信長と対峙した石山本願寺戦争は十一年にも及び、結果的に本願寺は東西に分裂することになりました。ただ、江戸時代に入ってからの情勢は、比較的安定しています。

　第二十二代門主の鏡如（大谷光瑞《こうずい》）上人の時のシルクロード探検隊は大谷探検隊とも呼

ばれ、明治の末から大正の初めにかけて活動し、中央アジアから大量の出土品などを持ち帰りました。現在の龍谷ミュージアムで研究・保存・展示されています。ただ、この探検隊の費用のために、本願寺は極めて深刻な財政危機に陥ったとされています。

その後、本願寺の朝鮮半島や中国本土の別院が、太平洋戦争の際に前線基地として使用されるなど、後世からは、本願寺教団は戦争に加担したとの批判を受けたりしています。

現在は、第二十五代専如（大谷光淳）門主です。

★和尚の余計な独り言　其十五

親鸞を宗祖とする浄土真宗教団は東西本願寺を含めて幾つかあります。「真宗教団連合」という組織を作り、本山はそれぞれですが、共同で布教や行事等を行っています。

真宗教団連合　加盟宗派（十派）　※寺の数はおよその所属寺院数

・浄土真宗本願寺派　本願寺　京都　一〇五〇〇寺

・真宗大谷派　真宗本廟　京都　八九〇〇寺

・真宗高田派　専修寺　津　六四〇寺
・真宗興正派　興正寺　京都　五〇〇寺
・真宗佛光寺派　仏光寺　京都　三九〇寺
・真宗木辺派　錦織寺　野洲　二〇〇寺
・真宗誠照寺派　誠照寺　鯖江　七〇寺
・真宗出雲路派　毫摂寺　越前　六〇寺
・真宗三門徒派　専照寺　福井　三六寺
・真宗山元派　證照寺　鯖江　二一寺

東西本願寺は親鸞の血脈を受け継いでいます。その他の宗派は有力な弟子や強力な信仰者たちによって創られた集団で、歴史の中で離合集散しています。また、明治以降に分派した宗派や、いわゆるお東騒動により分派した団体もあります。真宗教団連合以外は、教義も含めて共同歩調は取っていません。

★和尚の余計な独り言　其十六

平安時代の末期、藤原氏の貴族政治から平家・源氏の武士の政治へ変わろうとする混乱期に親鸞は生まれました。八歳の時、母が亡くなったと伝えられています。九歳の時、伯父に連れられて、天台宗の慈円僧正の青蓮院で得度の儀式を受けました。

八歳で母と死別し、九歳で寺に預けられ、それも付き添いが伯父だということから、家庭が大変混乱・困窮していたことが想像できます。

現在では「得度した」と言うと、お坊さんになったとか、僧侶試験に合格した、とのイメージがありますが、それはごく最近のことで、それまで「得度式」は、何もわからないけれども、とりあえず仏門に入る、お寺に預けられる、との意味合いでした。最低限の衣食住が確保されるので、極貧の家庭においては一つの選択肢であったようです。現代の小学校三・四年生に相当する年齢で、ひとり寺に預けられ、その後比叡山で二十年間修業をするのです。読み書きを覚え、漢文を習い、ありとあらゆる仏典を読んで理解し、技能・作法を習得していくのです。極めて高い目的意識と強い精神力が必要だったと推測されます。

そのような強い精神力に支えられて勉学・修行に励んでいた親鸞にも、コントロールができないものがあったとされています。それが、親鸞自身の「煩悩」です。親鸞は比叡山において過酷な修行に挑戦しても、なお、悟りの境地を見出すことができず、仏の救いを求める修行を行っても、心の安定は無かったのです。

親鸞は二十九歳の時、比叡山を下ります。親鸞にとって大きな決断だったと思われます。ちなみに、シャカ族の王子であった釈尊がお城を飛び出して出家の道を選んだのもちょうど二十九歳のことでした。

親鸞の九十年の人生の三分の一の時点です。猛勉強をし、激しい修行をしながら、自身の煩悩と戦い、悩み苦しみ抜いて、一大決心をしたのです。

次の三十年は、法然聖人の他力の念仏に出逢い、これこそが自分が求めてきたものだと確信します。法然六十九歳　親鸞二十九歳の時のことです。

また、恵信尼と結婚します。当時、僧侶に結婚は禁じられていました。掟を破って堂々と結婚したことも大きな決心だったと想像できます。

親鸞三十五歳の時、念仏弾圧で越後への流罪が決まります。以後法然聖人とは一度も会えませんでした。「非僧非俗」と自称し、自身を深く内省しながらの越後生活でした。三十九歳で赦免され、四十二歳の頃、七年間過ごした越後を後にして関東へ行きました。

関東では「御同朋・御同行」と呼びかけおよそ二〇年布教・伝道活動をしながら、親鸞自身の他力念仏の論点整理・理論構成の必要性から『教行信証』の執筆に取りかかります。最後のおよそ三十年。六十二歳の頃、関東から京都へ帰洛します。『教行信証』の執筆・修正・改訂、和讃の執筆と、自身の信仰を文章に表すことに専念したようです。八十四歳で息子の善鸞を義絶するという事件が起きましたが、それも教義は曲げないという強い信念の結果でした。妻の恵信尼は越後に帰り、娘の覚信尼や三男の益方入道や弟子の高田の賢智などが見守る中で九十年の生涯を終えました。

親鸞の人生とご自身の人生を重ね合わせてみて下さい。また、子や孫の途上の人生を応援する際にも参考になるかも知れません。二千五百年前の釈尊も、八百年前の親鸞も、青年期は悩み・迷い・苦しみの時期で、進むべき道を定め、壮年期には仲間を創り行動し、そして老年期には人生の集大成を行いました。それぞれの方の人生の参考になれば、との思いです。

★和尚の余計な独り言　其十七

「某　親鸞　閉眼せば、賀茂河にいれて魚にあたふべし」（改邪鈔）

親鸞の曾孫の覚如の文の一節です。「私が死んだら賀茂川に投げ入れて　魚の餌にでもしてくれ」の意味でしょうか。

「私が死んだら、山か海に散骨して欲しい」「私のお骨は、樹木葬でお願いしたい」「母は実家の墓に入りたいと言っておりますが、どうしたらいいですか」など、自分のお骨の行き先の希望を口にする方が、最近特に多くなりました。女性が圧倒的に多いです。終活やエンディングノートの影響もあるかもしれません。女性が回りを気にせず何でも主張できる雰囲気になった事も影響しているのかもしれません。不快に思うお坊さんも多いようですが、私はいいことだと思っています。死んだら終わりで、その先は何もないと思っている人はお骨の希望はありません。次の世界があると思っているからこそ希望があると、私は思っています。次の世界は浄土ですが、浄土に誰と行くかが問題なのでしょう。

親鸞が自分の亡骸を賀茂川に投げ入れて魚の餌にでもしたらいい、と言ったのは、自分の葬儀に大きな手間を掛けるよりも、仏法の信心をするのが皆の本筋だ、手間を省いて賀茂川に投げ入れてくれればそれでいい、ぐらいの意味に思えます。

第五章　親鸞の教えに学ぼう

■釈尊の教えの復習

人は皆、生まれたからには、必ず、老い・病み・死んでいきます。その現実に直面した釈尊は、生・老・病・死の四苦を解決しない限り、本当の幸せはない、と考えて出家しました。そして、すべての苦しみの原因は煩悩にあると見抜きました。いつまでも若くいたい、病気になりたくない、死にたくない、との思い、つまり、老・病・死を私にとって都合の悪いもの、マイナスだと思う心が、それらを苦しみにするのです。私たちは、常に自分中心でものを見ており、「いい・悪い」「好き・嫌い」等と、自分勝手な判断をしています。その自己中心の心こそが　煩悩の根源なのです。

自己中心の心は、私という永遠に変わらない実体があるという思い〈我執〉から起こってきます。本来、私という永遠に変わらない実体はなく〈無我〉、すべてのものは縁によって仮にそのような状態として成り立っているにすぎません〈縁起〉。にもかかわらず、私という永遠に変わらない実体があると思うからこそ、「私が・私が」という自己中心の心が起こってくるのです。ですから、〈縁起〉を悟ればその心を超えることができるのです。

先ほど述べたように、〈縁起〉とは、「すべてのものは、さまざまな因縁によって、仮にそのような状態として起こっている」ということです。言い換えれば、「すべてのものは、持ちつ持たれつの関係にあり、その関係の中で、存在している」。あるいは、「私は、私以外のすべてのものによって、私である」「さまざまな関係の中で、はじめて私が私として存在する」とも言えます。それは「私（自）と私以外の者（他）は切り離せない」ということであり、これを〈自他一如《じたいちにょ》〉と言います。

本当の意味での〈縁起〉が分かった時、つまり、永遠に変わらない「私」という実態は無い、ということがわかり、「私」への執われ〈我執〉がなくなった時に、自己中心の心を離れることができます。そして、ありのままにものを見ることができます。この「ありのままにものを見る力」を〈智慧《ちえ》〉と言います。〈智慧〉によって〈縁起〉の世界が見えてきます。それは〈自他一如〉の世界ですから、自分さえよければいいという心は無く、他を共感する心が生まれます。この、他の苦しみ・悲しみを共感することから出てくる、憐み・慈しみの心を〈慈悲〉と言います。〈智慧〉は必ず〈慈悲〉としてはたらき、〈慈悲〉は必ず〈智慧〉を伴います。釈尊の悟りとは、〈縁起〉〈自他　如〉〈智慧〉〈慈悲〉といった言葉で表される世界なのです。それを体得した時、煩悩（自己中心の心）を滅することができるのです。

このように、仏教は、仏の教えであると同時に仏に成る（悟る）教えですから、煩悩（自己中心の心）を滅して悟る（真実を体得する）ことを目指します。

しかし、煩悩を滅することができない人は、どうすればいいのでしょうか。それが、親鸞聖人が問題としたところです。

★和尚の余計な独り言　其十八

親鸞は、比叡山で修行していた若い頃、極めて強い精神力によってどんな修行にも前向きに臨みましたが、自身の煩悩はコントロールできませんでした。それが、比叡山を下り、他力念仏の法然を師と仰ぎ、浄土真宗を立教開祖することに繋がっていくのです。

ちなみに親鸞聖人は、自らのことを、「煩悩具足《ぼんのうぐそく》の凡夫《ぼんぶ》」（煩悩が十分具わっている愚かな人間）と受け止めています。その凡夫のための宗教が、浄土真宗なのです。

「〈凡夫〉というは、無明煩悩われらが身にみちみちて、よくもおほく、いかり、はらだち、そねみ、ねたむこころおほくひまなくして、臨終の一念にいたるまで、とどまらず、きえず、たえず……」（『一念他念証文《いちねんたねんしょうもん》』）

煩悩というものは、人が人生を終えて死ぬ瞬間まで、消えて無くなるものではない、つまり、死の瞬間まで煩悩に満ち満ちていると、親鸞は言っています。

■親鸞聖人　真実の教え

自身の修行によって煩悩を滅して悟りに至る（真実を体得する）のが仏教の目的ですが、比叡山で修行中、真実を求めれば求めるほど、真実から遠ざかる煩悩だらけの愚かな自分が見えてきました。どんなに頑張っても煩悩を滅することができない自分は救われないのか、と悩み、壁にぶち当たった時、比叡山を下り、法然聖人から教えを受け、「真実を体得し、真実に生きる生き方」から「真実を仰ぎ、真実に生かされる生き方」へ転換したのでした。

「真実を仰ぎ、真実に生かされる生き方」なら、煩悩だらけの私たちにも可能です。そのような私たちのために、釈尊は、悟りの内容（真実）を、「すべてのものを必ず救うという阿弥陀仏の願い（本願）として説いていました。その阿弥陀仏による救いが説かれた経典が「浄土三部経《じょうどさんぶきょう》」（仏説無量寿経《ぶっせつむりょうじゅきょう》・仏説観無量寿経《ぶっせつかんむりょうじゅきょう》・仏説阿弥陀経《ぶっせつあみだきょう》）なのです。浄土真宗ではこの「浄土三部経」を所依《しょえ》（依りどころ）の経典としています。

他の経典を否定するわけではありません。釈尊の教えですから、みな正しいのです。ただ、お経の内容通りに自分で修行して悟りに至ることは、ごく一部の勝れた人にしかできません。多くの人々が思うように、煩悩だらけの私が救われるかどうかを問題にした時、阿弥陀仏による救いの説かれた「浄土三部経」こそが、その依りどころとなる教えなのです。

親鸞聖人は「仏説無量寿経」こそが真実の教えであると言っています。その理由は、釈尊の出世の本懐《ほんがい》（この世に生まれてきた本当の目的）の経であるからだ、と言っています。内容は、すべての人を必ず救うとの本願の教えがそのまま説かれています。

仏（悟った者）とは、自らが悟って終わりではなく、真実を悟ったが故に真実がわからず迷い苦しんでいる者を真実に導かずにはおれない方です。真実を悟る〈智慧〉は、必ず、迷い苦しむ者を救う〈慈悲〉として働きます。つまり、「仏」とは、自ら悟り、他を悟らせる方「自覚覚他《じかくかくた》」です。「仏説無量寿経」には、「如来がこの世にお出ましになる訳は、仏の教えを説き述べて人々を救い、真実の利益（南無阿弥陀仏の念仏によって得る利益）を恵みたいと考えたからである」と釈尊が言った、とあります。親鸞聖人の著書の教行信証には、この部分を根拠に「仏説無量寿経」こそ出世の本懐の経であると記されています。

■阿弥陀仏

多くの宗教では、「いいことをしたら救われるけれど、悪いことをしたら救われない」というのが普通かもしれません。「悪いことをしたら罰《ばち》が当たる」などと言われます。ところが、阿弥陀仏という仏様は、決して罰《ばち》を与えたりはしません。「いいことをしたら喜び、悪いことをしたら悲しむ」そんな仏様です。阿弥陀仏は、いつも私たちのことを心配して、見守ってくれている仏様なのです。阿弥陀仏という仏様は、「すべての人を必ず救うという願い（本願）をたて、はたらき続けている仏様」なのです。

釈尊は、今からおよそ二千五百年前にインドで生まれた実在の人物です。

それに対して、阿弥陀仏は歴史上の人物ではありません。人間が創り出した単なる偶像でもありません。阿弥陀仏は、「真実の世界から、真実を知らせるために、人格的に現れた仏様」なのです。

真実には嘘を破る働きがあります。嘘は、必ず真実によって破られます。

例えば、ある男が「私は女である」と言っても、男であるという真実によって、その嘘は破られます。「私は、誰の世話にもならずに、一人で生きている」と言っても、「ありとあらゆるものが繋がり合い、生かされている」という真実によって、その嘘は破られます。

このように、真実はどこかにあるのではなく、ありのままのあり方であり、真実でないものを真実に導く働きをします。真実には、そういう性質があります。その真実の働きこそ、阿弥陀仏なのです。本来、阿弥陀仏は色も形も無い、働きそのものなのですが、色や形をたよりに生きている私たちのために、人格的に現れたのです。ですから、私たちを真実に導く働きを離れては、阿弥陀仏は存在しないのです。

真実はあくまで私の嘘（真実でないあり方）を破る働きを持つものであり、私の理解の枠組みの中に納まらないかも知れません。むしろ、その枠組みを破ってくれるものなのです。つまり、阿弥陀仏は、「真実の世界から真実を知らせるために、人格的に現れた仏様」としか表現できないのであり、それは、信仰上ではじめて成り立つ論理なのです。

「仏」のことを「如来」とも言いますが、これは、「真実の世界（真如）から、真実を知らせるために来た」との意味です。

阿弥陀仏は、「限りない智慧と慈悲の仏様」です。インドの言葉を訳すと「アミターバ」は「限りないひかり」、「アミターユス」は「限りないいのち」の意味です。「ひかり」は〈智慧〉を意味し、「いのち」は〈慈悲〉を意味します。〈智慧〉は「ありのままにものを見る力」、

〈慈悲〉は「憐れみ慈しむ心」のことです。つまり、「阿弥陀仏」とは「限りない智慧と慈悲の仏」の意味になります。

限りないひかりとは、真実を見せてくれる智慧のひかりです。その智慧のひかりが届いた時、自分一人で生きているのではなく、ありとあらゆるものと繋がり合い、生かされている縁起の世界、自他一如の世界が見えてきます。その時、自分さえよければいいという小さな命の世界が破られ、大きな命の世界が開けます。そこに、他の苦しみ悲しみを共感する慈悲の心が生まれるのです。

「仏陀」とは、「悟った者」「真実に目覚めた者」との意味です。自らが悟って終わりではなく、迷い苦しんでいる者を悟らせる者「自覚覚他（自ら覚り、他を覚らせる）」者でもありますから、阿弥陀仏とは「限りない智慧と慈悲の世界に目覚め、他を目覚めさせずにはおれない者」です。

阿弥陀仏については、いろいろな表し方があります。

ⓐ阿弥陀仏は「真実の世界から、真実を知らせるために、人格的に現れた仏様」
ⓑ阿弥陀仏は「限りない智慧と慈悲の仏様」
ⓒ阿弥陀仏は「すべての人を必ず救うとの願い（本願）をたてて、働き続けている仏様」

ⓓ阿弥陀仏は、「南無阿弥陀仏の言葉（名号《みょうごう》）となって、私に働きかけている仏様」

「仏説観無量寿経」に、阿弥陀仏の心について、「仏心とは大慈悲これなり」とあります。仏とは「真実に目覚めた者（智慧を体得した者）」という意味ですから、仏教は、もともと「智慧の宗教」であると言えます。浄土真宗は、善悪によって裁かれる「裁きの宗教」ではなく、すべての人が救われていく「慈悲の宗教」なのです。

■本願

釈尊は、悟りの内容（真実）を、「すべての人を必ず救う」という阿弥陀仏の願い（本願）として説きました。阿弥陀仏は、肉体を持った実体的な仏（歴史上の人物）ではありませんが、物語として説かれています。

「法蔵説話」

「仏説無量寿経」には次のように書いてあります。

昔、あるところに一人の国王が居ました。その国王は、世自在王仏《せじざいおうぶつ》の説法を聞いて感動し、自らも悟りを目指したいと思い、国王の地位を捨て出家して、一人の修行者（菩薩）となりました。名を法蔵菩薩《ほうぞうぼさつ》と言いました。そして、五劫《ごこう》という長い間、思惟して、四十八の請願（四十八願）を建てました。それは、いずれも「私が仏になるとき、〇〇ができないようなら私は悟りを開きません」というものです。中でも、十八番目の願い（第十八願）には、「すべての人を必ず救う」と万人の救済が誓われているので、根本的な願いということで本願と呼ばれています。

その後、法蔵菩薩は兆載永劫《ちょうさいようごう》という長い間修行して、ついに阿弥陀仏という仏になりました。今からおよそ十劫も昔のことです。

これが、仏説無量寿経のなかにある、法蔵説話と呼ばれているものです。

「設我得仏　十方衆生　至心信業　欲生我国　乃至十念　若不生者　不取正覚　唯除五逆　誹謗正法」（仏説無量寿経　第十八願）（私が仏に成る時、全ての人々が、私の救いが真実であると疑い無く受け容れ、私の国（浄土）に生まれると思って、わずか十回でも念仏して、もし生まれることができないようなら、私は悟りを開きません。ただし、五逆の罪を犯したり、仏の教えを誹るものだけは除かれます。）

五逆とは「①父を殺すこと。②母を殺すこと。③阿羅漢（聖者）を殺すこと。④仏の体を傷つけること。⑤教団の和合を破壊すること。」です。誹謗正法とは、「仏の教え（法）を謗り、正しい心理をないがしろにすること」です。親鸞聖人は、「除く」との言葉は、この二つの罪（五逆罪・謗法罪）が重いことを知らせて、会心させることによって、すべての人々が救われることを知らせたのだと解釈しています。

「私の願い」は、自己中心的で　自己の欲望を満たすものがほとんどです。「仏の願い」は、自己中心の心を離れた「智慧と慈悲」からの願いであり、万人の救済を願う真実の願いです。これを「本願」と言います。ただ願っているだけではなく、私たちを救う働きとして常にはたらき続けているので「本願力」と言います。

歴史的事実からいえば、釈尊が本願を説いたのですが、宗教的真実から言えば、本願に応じて釈尊が本願を説いた（本願が釈尊を生み出した）と解釈すべきです。

■他力本願

「他力本願」「悪人正機」「往生浄土」は浄土真宗の教えの三本柱とも言われており、大変重要な教義ですが、多くの人々に誤解されているところがあるようです。

「他力本願ではダメだ。自力で頑張らなければ……」等と言った時、多くの場合は「自分は何もしないで、他の力に頼って希望通りになることを願っているようではダメだ。自分で努力して結果を出さなければ……」という意味合いです。

これは「他力本願」の本来の意味とは、全く違います。「他力本願」の「他力」とは、「阿弥陀仏のすべての人を救う力・働き」のことです。「本願」とは、「阿弥陀仏のすべての人を必ず救うという願い」のことです。ただ願っているだけではなく、願いを実現する力・働きを持っているので「本願力」とも言います。

親鸞聖人は、「他力といふは如来（阿弥陀仏）の本願力なり」（教行信証）と記しています。つまり、「他力本願」とは、「阿弥陀仏の力であり、それは、すべての人を必ず救うと願い、願い通りに救う働き」のことなのです。仏教で自力・他力を語る時は、日常生活での人の行いに関して　自力・他力を述べているのではありません。仏の悟りを求める（真実を体得する・煩悩を滅する）ことに関して述べているのです。この場合、自力とは、「自分の力・行い」というより、「自分の力・行いに価値を認めて当てにすること」、他力とは、「阿弥陀仏の力・働き」であり、「阿弥陀仏を頼みにすること、その働きを受け容れること」

です。

悟りを求めることに関しては、私自身の行いは当てにならない、私の力ではどうしようもないことを見抜いて、働き続けているのが阿弥陀仏であり、その働きが「他力」なのです。「他力本願」の生き方とは、自分では何もせずに他を頼りにする生き方ではありません。自己中心の心から離れられず真実に背いた生き方をしている私が、阿弥陀仏の働きに出逢うことによって、自らの愚かさに気づくと同時に、少しずつでも真実の生き方へと導かれるという生き方なのです。

阿弥陀仏という全知全能の絶対者がいて、私を救ってくれるとの誤解をしてはいけません。自己中心の考え方しかできずに真実のあり方から遠ざかっている愚かな私が、真実の方向へ導かれていく、その働きそのものが阿弥陀仏であり「他力」なのです。

他力を「私を生かしてくれる、私以外の多くのものの力・働き」と受け取って、「他力のお陰で・お陰さまで」と喜んでいる人がいます。大切な受け止め方の一つですが、浄土真宗の他力とは違います。多くのもののお陰で生かされているにも関わらず、それに気づいていないこの私を、その真実に目覚めさせてくれる働きが、他力、阿弥陀仏の働きなのです。

★和尚の余計な独り言　其十九

仏教で自力・他力を語る時は、日常生活での人の行いに関して、自力・他力を述べているのではありません。仏の悟りを求める（真実を体得する・煩悩を滅する）ことに関して述べているのです。

これは、先程も述べました。しかし、浄土真宗→他力本願→全て人任せ、という間違ったイメージがあります。当然のことながら日常生活は自力です。自力は当てにならないものだと、前述しました。当てにならないからこそ、上手くいく場合と、そうでもない場合があるのは当然の事でしょう。学校での学習や試験、高校や大学の入試、就職に結婚、子育て、親の介護、お金の悩み、幸福の追求、怪我や病気との闘い等、全て自力なのは言うまでもありません。釈尊の言った、煩悩を滅して涅槃（悟りの世界）に入る事が、仏教の最終目標であるのですが、その涅槃（悟りの世界）に入る事に関しては絶対他力であると親鸞は述べています。他力なのは、ここだけです。誤解が多いので念を押しておきます。

★和尚の余計な独り言　其二十

「阿弥陀仏は善人も悪人も全ての人を救ってくれるのだから、少しくらい悪いことをしてもいい」との理屈が間違っていることは、なんとなく分かるかもしれません。では、「私には一〇八つ以上の多くの煩悩がありますが、その煩悩は私の力（自力）ではなく阿弥陀仏の（他力）が滅してくれるので、そのままにしておけばよい」。この主張は正しいでしょうか。

「煩悩」は辞書では、「身心を煩わせ、悩ませる精神作用の総称」。『唯信鈔文意《ゆいしんしょうもんい》』には、「煩は身をわずらわす、悩は心をなやます」とあります。衆生はこうした煩悩によって業《ごう》を起こし、苦報をうけ迷界に流転するのです。

そのために、煩悩を滅した悟りの境地に至ることが仏教の究極的な実践目的とされます。先述しましたが　三毒の煩悩は、貪欲・瞋恚・愚痴。それに憍慢《きょうまん》・疑《ぎ》・悪見《あくけん》を加えた六つを六煩悩（根本煩悩）と言います。

さて、先程の質問に対する答えについては、議論があります。「浄土真宗は、絶対他力であり、自分の煩悩を自身が滅しようとする行為は自力の行為であり、すべきでない」との主張もあります。私には煩悩が沢山あります、という場合、根本煩悩以外、いくつでも挙げられます。お金が欲しい・地位や名誉が欲しい・美人になりたい・美味しいものを食べたい……等を煩悩の範疇に入れるかどうかが問題です。これらを煩悩の範疇に入れるとすると、自力の行為だと言われても自分自身をコントロールして無くせる煩悩はなくす努力をした上で、どうしても無くすことができない根本煩悩は阿弥陀仏の力（他力）に任せればいいと、私は思っています。

煩悩が数多くあると考えるのではなくて、色々な煩悩は根本煩悩から派生して生じているもので、根本煩悩は自分自身でコントロールできるものではない、と考えるならば、煩悩を滅すことは「阿弥陀仏の力」（他力）を頼りにすることになります。

お金が欲しい・地位や名誉が欲しい・美人になりたい……が煩悩に入るかどうかは別にして、自身でコントロールできる心の葛藤は、浄土真宗であろうとなかろうとコントロールするのが常識です。

■念仏

「南無阿弥陀仏」とは仏の名前であり、これを名号と言います。「南無」とは、もともと「尊敬する」とか「依りどころにする・たのみにする」との意味があります。従って、普通は「南無阿弥陀仏」とは「阿弥陀仏を依りどころにします・たのみにします」との意味になります。ところが、親鸞聖人は「南無」とは、「たのみにします」という私からの言葉ではなく、「我を（に）たのめ、必ず救う」という阿弥陀仏からの「喚《よ》び声」だと言っています。阿弥陀仏は、「真実の世界（限りないひかりといのちの世界）の、私を真実に導くはたらきそのもの」であり、私の方から「真実の世界（限りないひかりといのちの世界）」をたのみにしますと言わなくても、私は「真実の世界（限りないひかりといのちの世界）」の中で生かされているからです。私が阿弥陀仏をたのみにしますという前から、阿弥陀仏は、必ず救うと願い働き続けているのです。私たちは、南無阿弥陀仏の言葉によって、真実の世界（限りないひかりといのちの世界）へと導かれているのです。つまり、南無阿弥陀仏は、私が称えていながら私の言葉ではなく、阿弥陀仏の私への喚び声であり、私を真実に導く働きそのものなのだと理解すべきです。

われ称え　われ聞くなれど
南無阿弥陀仏
つれてゆくぞの　親のよびごえ

御仏を　呼ぶわが声は　みほとけの
われを喚びます　みこゑなりけり

原口針水の歌　梯實圓著「妙好人のことば」

親鸞聖人は、南無阿弥陀仏と称えることが、真実の行だといっていますが、それは、私の行いについて言っているのではありません。私の行いほど当てにならないものはありません。南無阿弥陀仏と称えているのは私ですが、阿弥陀仏の働きが私に届き、南無阿弥陀仏の言葉となって現れているのです。私が称えている姿そのものが、阿弥陀仏が働いてくださっている姿なのです。つまり、阿弥陀仏の働きだからこそ、真実の行と言えるのです。

「称名念仏《しょうみょうねんぶつ》」

念仏とは文字通り、もともとは「仏を念ずること」、つまり「心に仏を思い浮かべること」でした。しかし、現在は念仏という場合「仏の名（名号）を称える」との称名念仏の意味で使われることがほとんどです。法然聖人・親鸞聖人が伝える念仏も称名念仏です。浄土真宗において念仏とは、称名（仏の名を称えること）、つまり「南無阿弥陀仏と称えること」です。

「自力の念仏・他力の念仏」

「南無阿弥陀仏」という念仏は、もともとは「私が、阿弥陀仏をたよりにします」との意味で、たくさん称えることによって救いを得ようというものでした。これを自力の念仏と言います。親鸞聖人の説いた念仏は他力の念仏です。たくさん称えて、その見返りとして救われるというものではありません。南無阿弥陀仏と称えることは私の行いですが、実は、阿弥陀仏の働きが私に表れた行いなのです。南無阿弥陀仏と称えているままが、阿弥陀仏が私に働いている姿なのです。南無阿弥陀仏の念仏を通して、限りないひかりといのちの世界に触れるのです。教えを聴くことと同じと言ってもよいでしょう。

「信心正因《しんじんしょういん》・称名報恩《しょうみょうほうおん》」

私が一生懸命に念仏して、その見返りとして、浄土という悟りの世界に行けるのではありません。阿弥陀仏の働きを疑いなく受け容れる「信心」によって、浄土に生まれることができるのです。これを「信心正因（信心が浄土に生まれる正しい因）」と言います。では、念仏は何かと言えば、仏さまに対して「ありがとう」という、報恩感謝の意味になります。これを「称名報恩」と言います。その訳は、念仏は仏さまの願いにかなった行為だからです。「信心正因・称名報恩」は、浄土真宗の大切な教義です。称名正因ではないことに注意が必要です。

つまり、念仏とは、私を真実に導く仏さまの喚び声である、と同時に、私の側からは、ありがとうの報恩感謝の意味になるのです。

大谷光真前門主は「念仏を称えれば救われるとは、どのように救われるのですか」との質問に対して、『「念仏を称えれば救われる」よりも、「念仏を称える身になって救われる」との表現がしっくりきます。念仏を救いの条件としないからです』と答えています。念仏を称えた見返りとしての救済ではなく、念仏を称える身になったこと自体が、仏の救いのはたらきによるものなのです。

■信心

「信心」とは、信じる心と書くように、一般的には「神仏を信じること。また、その心」のことですが、浄土真宗の「信心」とは、私が仏を信じる心ではありません。「信じる者は救われる」とか「救われないのは、信心が足りないからだ。もっと信心しなさい」などと言われますが、浄土真宗では、私がどんなに一生懸命信じても救われません。私の心ほど当てにならないものはないからです。

どれほど一生懸命に信じていても、自分の思いが叶わなかったり、とんでもない出来事が起こったりすると、「神も仏もない」となってしまいます。このように、私たちの心はころころ変わってしまいます。そのようなころころ変わる当てにならないものを当てにしていては、混乱するばかりです。

浄土真宗の「信心」とは、私が信じる心ではなく、「阿弥陀仏の救いの働きを、疑いなく受け容れた心」のことを言います。例えば、赤ちゃんは、お母さんを信じて抱かれているのでしょうか。信じるとか疑うとかの心を超えて、まかせきっているのです。同じように、南無阿弥陀仏を通して「我をたのめ、必ず救う」との阿弥陀仏の心（本願）を疑いなく受け容れた心が「信心」なのです。

　このように、浄土真宗の「信心」とは、私が仏を信じる心ではなく、阿弥陀仏の働きを疑いなく受け容れた心、つまり、阿弥陀仏からいただいた心であるということで「他力回向《たりきえこう》の信」（阿弥陀仏からいただいた信と言われています。「他力」とは阿弥陀仏の本願力、「回向」とは、私の方へ回らし振り向けるということで、「他力」も「回向」も阿弥陀仏のはたらきを表しています。阿弥陀仏のはたらきを疑いなく受け容れるということは、私に限りないひかりといのち（智慧と慈悲）があたえられるということであり、自らの愚かさに気づかされると同時に、真実に導かれていくということです。

　親の大きな愛情に触れた時、親不孝者の私に気づきます。逆に言えば、親不孝の私に気づいたときは、すでに親の大きな愛情に触れているということです。親の大きな愛情に触れることがなければ、親不孝者の私に気づくことはあり得ないのです。親の愛情に触れれば触れるほど、自らの至らなさに気づくのです。同様に、必ず救うという仏の大きな心に触れた時、罪深い煩悩だらけの私に気づきます。罪深い煩悩だらけの私に気づいたということは、必ず救うという仏の大きな心にすでに触れているということです。

「信じる」といっても、私が信じるのではなく、あくまで阿弥陀仏からの信心のありようなのです。

浄土真宗の信心は、二種深信《にしゅじんしん》と言われています。二種深信とは、機の深信と法の深信です。機の深信とは、私は、罪深い凡夫であり、迷い続けている存在であると深く信じることで、法の深信とは、阿弥陀仏はそのような私を必ず救ってくれるということを深く信じるということです。これは、信心のありようを二つの側面から説明したものです。

親鸞聖人は、

「きくといふは、本願をききて疑うこころなきを「聞」といふなり。またきくといふは、信心をあらはす御のりなり。〈中略〉「信心」は如来の御ちかひをききて疑ふこころなきなり」（一念多念証文）と、述べています。何を聴くのかというと、「仏願の生起本末《しょうきほんまつ》」を聴くのです。「生起」とは、阿弥陀仏が何のために本願を起こしたかという、仏願の起こりです。それは、煩悩から離れられずに迷い苦しんでいる衆生（私たち）がいるから、阿弥陀仏は何としても救いたいという本願を起こした、ということです。

「本末」とは、初めと終わりということで、「本」とは、法蔵菩薩の願行、つまり、長い時間思惟して衆生の救済の方法を考え（五劫思惟の願）、それを実現するために、はかりしれないほどの修行をつんだ（兆載永劫の修行）ということです。「末」とは、その結果、阿弥陀仏となって、衆生を救済する法として名号を成就して、衆生に施しているということです。

『教行信証』には、

「経」に「聞」といふは、衆生、仏願の生起本末を聞きて疑心あることなし、これを「聞」といふなり。「信心」といふは、すなはち本願力回向の信心なり。

と、書かれています。

「悪人正機」

『歎異抄』第三条

『歎異抄《たんにしょう》』とは、親鸞聖人の弟子の唯円が、親鸞没後、教団において教えの受け取り方が異なっていくのを嘆いて書いた書物です。

善人なほもって往生をとぐ、

いわんや悪人をや

（善人でさえ浄土に往生できるのです。まして悪人は言うまでもありません）の文で有名な「悪人正機」説。「機」とは「仏に対して、救いの対象である人間」のことを言います。

つまり、「悪人正機」とは「悪人こそ、阿弥陀仏の正しき救いの対象である」ということです。

これを聞いて「悪人こそ救いの対象だというのなら、どんな悪いことをしても救われるから大丈夫だ」とか「阿弥陀仏に救ってもらうために、すすんで悪いことをしよう」とか「善人よりも悪人は程度が低いのだから、善人よりも悪人を救う義務がある」等と考える人がいたとしたら、大きな間違いです。

「増悪無碍《ぞうあくむげ》」とは、「阿弥陀仏はどんな悪人でも救うのだから、どんな悪いことをしても構わない」との間違った考え（異議）のことです。「増悪無碍」の「増悪」とは「悪を造る」、「無碍」とは「碍《さわ》りが無い（救いの妨げにならない）」との意味です。どんな悪人でも見捨てないとの阿弥陀仏の心に出逢った人が、進んで悪を行うはずはありません。親鸞聖人は「薬があるからと言って、毒を好んではならない」と戒めています。

「悪人正機」の善人・悪人は道徳や法律を基準にした善人・悪人ではありません。仏教を基準にした善人・悪人です。仏教では、仏の悟りに近づく行為が善で、遠ざかる行為が悪であり、それらの行為をする人を善人・悪人と呼んでいます。つまり、基本的な言葉の意味としては、善人とは、自分の力で善業を積み、往生成仏を目指す人（自力作善《じりきさぜん》の人）。悪人とは、自分の力で善業を積むことができない人、煩悩が十分具わっている愚かな人（煩悩具足の私たち）のことです。

厳密に言えば、善人とは、善業が積める人というより、積めると思っている人、悪人とは、仏の教えによって、自分の煩悩・罪悪に気づかされている人のことです。その悪人とは誰かと問われれば、「私」なのです。仏の教えに出逢った時に自らの煩悩・罪悪が明らかになります。そして、悪人とは私のことであったと気づかされるのです。「悪人正機」の教えは、この私のためだったと受け取ることが出来なければ、本当の意味で正しく理解できないでしょう。心に響いてくることもないでしょう。

「悪人こそ救いの対象である」とは、阿弥陀仏の救いの心を表す言葉であり、慈悲の方向性と呼ばれます。以下は『涅槃経』の一節です。

たとえば一人にして七子あらん。この七子のなかに一子病に遭へば、父母の心平等ならざるにあらざれども、しかるに病子においてはちひとへに重きがごとし。

（たとえば、七人の子どもがいたとします。その七人の子どもの中で、一人が病気になれば、親の心は平等でない訳ではありませんが、ひとえにその子に向かいます）

同様に、阿弥陀仏の慈悲は、煩悩に苦悩している愚かな凡夫に真っ先に向けられるのです。これを「慈悲の方向性」と言います。

★和尚の余計な独り言　其二十一

歎異抄は、鎌倉時代後期、親鸞滅後に教団内に湧き上がった異議・異端を嘆いたもので、親鸞の弟子の唯円著とされています。その後およそ二百年間はほとんど知られなかったのですが、室町時代に蓮如上人が注目して書写したとされています。第一条から第十条は、親鸞が直接唯円に語ったとされる言葉が書かれています。第十一条から第十八条は、唯円の異議に対する批判やその理由を述べています。

先述の第三条の「善人なほもて往生をとぐ、いわんや悪人をや」は悪人正機説を明快に説いたものとして有名で、現在でもよく引用されています。第四条は聖道仏教と浄土仏教の慈悲の違いを明確にしていて、真の慈悲は浄土の慈悲であると説いています。第五条では「親鸞は父母孝養のためとて、一辺にても念仏申したること、いまだ候はず」と、「親鸞は一度も父母のために念仏したことがない」として、追善供養を明確に否定しています。歎異抄は、歯切れのよい文章で簡単明瞭に浄土真宗教義を述べています。解説本も沢山出ていますので、是非ともご一読下さい。

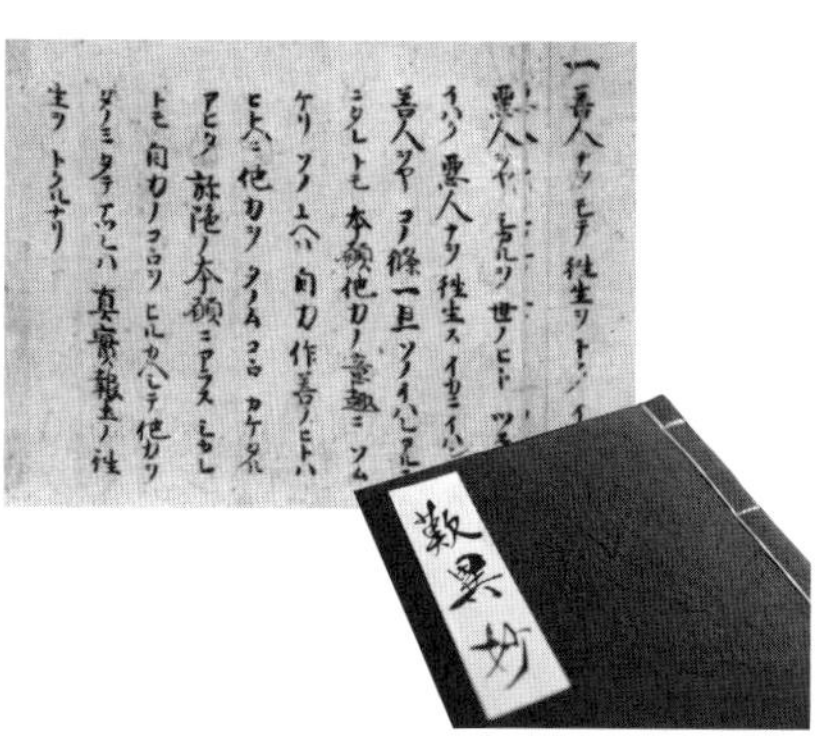

■救い

浄土真宗の救いとは、金魚すくいのように、ヒョイとすくってもらっていい世界に連れて行ってもらえるようなものではありません。病気を治してもらったり、大金持ちになったり、さまざまな願いが叶ったりすることでもありません。お賽銭箱にお賽銭を入れて手を合わすと、仏さまは何でも願いを叶えてくれるということでもありません。

浄土真宗の救いとは、一人一人の生きる意味と方向が定まることです。自己中心の心から離れられず、迷いの人生を生きている私に、智慧と慈悲の世界が与えられることによって、人生のあらゆることに尊い意味をみいだすことができるのです。そして、浄土という真実の世界に向かって生きることが、本当の人間の道であると、生きる方向が定まるのです。このように、私中心の生き方から仏中心の生き方へと転換され、念仏という生きる依りどころが定まった時、どんな苦難をも乗り越える智慧と力が与えられるのです。

浄土真宗の究極的な救いは、この世のいのちが終わると同時に、浄土に往生し成仏する（悟りを開く）ことです。「往生」とは、「困ること、行き詰ること」ではなく、文字通り「往き生まれる」ことです。「浄土」とは、「煩悩の汚れの無い浄らかな世界・悟りの世界」のことです。つまり、「往生浄土」とは「浄土に往き生まれる」ことで、悟りの世界が開けてくることなのです。

しかし、このことは、未来の救いのみを説いているのではありません。信心をいただいたときに、往生成仏が定まり救われるのです。それを「現生正定聚《げんしょうしょうじょうじゅ》」と言います。「現生」とは、この世、「正定聚」とは、正しく仏に成ることが定まったなかまという意味です。つまり、信心をした時に念仏という依りどころが定まり、浄土という真実の世界に導かれながら生きるという道が与えられるのです。

それを救いと言います。

大谷光真前門主は、救いについて、

「私たちにとっての救いは、この世でまず、今、阿弥陀如来の智慧と慈悲に照らされ、包まれて、いのちのゆくえを教えられることです。そして、生きるよろこび、依りどころを与えられ、さらには心を開かれて他のいのちと共に生きるよろこびを味わうことと言えましょう」（『世のなか安穏なれ』）と述べています。

浄土真宗の教えを聞くことによって、自己中心の心から離れられず、煩悩に振り回されて生きている愚かな自分に気づきます。それは同時に正しいあり方・生き方を知らされていることなのです。煩悩だらけの自分はダメだと悲しむ必要はありません。煩悩が無くならないのは仕方がないことだと開き直るのも良くありません。煩悩だらけの自分を悲しいこと・申し訳ないことだと受け止めた時、少しずつではあるけれども、正しい方向へ起動修正しながら生きる生き方が見えてきます。それは、「煩悩があるままで、煩悩を超える生き方」であると言えます。それが浄土真宗に生きる人（救われた人）の生き方です。

浅田正作さんの詩です。

回心

自分が可愛い
ただ　それだけのことで
生きていた
それが　深い悲しみとなったとき
ちがった世界が
ひらけて来た

「浄土」とは、「穢土（煩悩で穢れた世界）」に対する言葉で、「煩悩の穢れが無い浄らかな世界」のことです。浄土は仏の世界で十方諸仏の浄土と説かれていますが、今は浄土と言えば、阿弥陀如来の極楽浄土を指すことがほとんどです。地獄や浄土（極楽）と言っても、どこかにそういう異次元的な空間があるのではありません。悪を犯した人の前にある世界が地獄で、悟りを開いた人の前に開かれているのが浄土（極楽）の世界なのです。

浄土は、色や形を超えた世界でありながら、色や形を通してしか受け取れない私たちのために、浄土は西方にあり（西方浄土）、金や銀などでできている等と、方向や形のあるものとして説かれます。これを、方向を示し、相（かたち）を建てるということで、指方《しほう》立相《りっそう》と言います。それによって、感覚的に浄土に触れることができるのです。

浄土真宗では、阿弥陀仏の救いが説かれますが、究極的には浄土に生まれて悟りを開くこと（成仏）が目的です。もともとは、浄土に往生して修行して悟りを開くとされていました。しかし、親鸞聖人は、浄土は悟りの世界そのものであり、私たちを悟りに導く根源であると言っています。つまり、私たちは、浄土のはたらきによって浄土に導かれ、浄土に生まれると同時に、仏の悟りを開くのです。これを「往生即成仏」と言います。

自力の念仏は、たくさん称えることによって功徳を積み、救いが与えられるというもので、臨終のときに仏さまの迎え（臨終来迎）があるといわれていますが、来迎があるかどうかは、その時までわかりません。だから、一生懸命、念仏するのです。

それに対して、他力の念仏は、私が念仏するままが仏が働いている姿そのものですから、念仏の数の多い・少ないは問われません。私の一声一声の念仏が仏の智慧と慈悲そのものだからです。私の行いの見返りとして浄土に往生できるのではなく、仏の働きによって浄土に往生できるわけですから、仏の働きを受け容れた時、すなわち、信心した時、浄土に往生して成仏することが定まるのです。これを「現生正定聚」と言います。

「回向」

なぜ浄土に往生することを目指すかと言うと、決して自己満足のためではありません。浄土真宗では、浄土に往生して仏の悟りを開いて終わりではなく、この世に還ってきて、迷っている人々を救う働きをするのです。仏の悟りは、智慧と慈悲の体得、自利利他の完成ですから、自分が悟って終わりでしたら、それは仏の悟りではありません。

親鸞聖人は、浄土に往生することを「往相《おうそう》」、浄土からこの世（穢土）に還ってきて、人々を救う働きをすることを「還相《げんそう》」と言っています。私が浄土に往生すること（往相）も、この世に還ってきて人々を救うこと（還相）も、すべて阿弥陀仏の働きです。これを「回向」と言い、「往相回向」「還相回向」と言います。「回向」とは、阿弥陀仏から私たちに回らし振り向けられたとの意味です。

浄土からこの世に還ってくるといっても、お化けになって還ってくるのでも、何か実体的なものが還ってくるのでもありません。阿弥陀仏の働きと一つになって還ってくるのです。念仏を称えるところに開けてくる世界です。

どこに向かって生きるべきか。それは浄土（悟りの世界）です。そして、悟って終わりではなく、すべての人々を救う働きをするのです。つまり、自己の欲望を満たす方向ではなく、人のために生きるという利他の方向こそが目指すべき真実の生き方なのです。

■祈りなき浄土真宗

一般的に、宗教では、神様や仏様の前で手を合わせ、自分の願いが叶うように祈りを捧げたりお願いしたりするものだと思っている人が多いかもしれません。浄土真宗はそういう宗教とは、全く違います。浄土真宗のお寺には、お守りやおみくじなどはありません。祈祷などもしません。占いや呪いなど根拠が無いものは否定しています。

浄土真宗では、仏さまに向かって祈るということはしません。「祈る」という言葉も使いません。「健康をお祈りします」とか「益々の発展をお祈りします」なども、「念じます」という言葉に置き換えます。「祈る」という言葉には「神仏にお願いする」との意味があり、浄土真宗の考え方に合わないからです。願いと言えば聞こえはいいですが、突き詰めればそれは欲望です。叶えば感謝の気持ちが起こりますが、叶わなかったら不平不満の心が起こります。

想像してみて下さい。もし、私の願いがすべて叶ったら、私以外の人にとっては、とてもいやな世界になるかもしれません。私たちの願いは、常に自己中心の心から起こるものなので、浄土真宗の本尊である阿弥陀如来に、いくらお祈りしても、お願いしても、叶えてはくれません。一生懸命祈っても願っても無駄です。自分勝手な願いを叶えて下さいと一生懸命になっている私に、そんな自己中心的な願い（欲望）が叶うように祈るのではなく、自己中心的な願いしか持てない自分を厳しく見つめ直し、正しい方向に向かって生きて下さいと、阿弥陀仏は諭しているのです。つまり、浄土真宗では、私の願いを叶えてもらうのではなく、仏様の願いを聞くのです。それによって、自己中心の心から離れられない私であると気づくと同時に、私が本当の人間として生きる道が見えてくるのです。

★和尚の余計な独り言　其二十二

釈尊の生涯、釈尊の教え、親鸞の生涯、親鸞の教えを述べてきました。できるだけ分かりやすい言葉で述べてきたつもりですが、仏教はとても難しいものだ、との印象を持った方も多いと思います。難しいとの印象を持たれるのは私の本意ではありません。

二千五百年前に釈尊が原始仏教を説いて、その後、沢山の高僧が出て、沢山の宗派に分かれながら現代日本の仏教宗派に至ったのです。その中で、釈尊の教えから親鸞の教えをたどってきました。釈尊は、この世で生きていく上での苦の原因は煩悩である。各自が修行をして煩悩を滅することによって悟りの世界に行くことこそが仏教の目的である、と説きました。親鸞は、自力でどんなに修行しても煩悩を滅することができない多くの人は、「阿弥陀仏が必ずあなたを救う」と言っているのだから阿弥陀仏におまかせすればよい、と説きました。何も難しくありません。これが「釈尊から親鸞へ」のエッセンスです。

★和尚の余計な独り言　其二十三

浄土真宗には追善供養との考え方はありません。仏経の他宗派では、葬儀の後、初七日・二七日・三七日……、五七日の三十五日には閻魔様が裁判をして、故人様が極楽に行くか、地獄に行くべきかを決めるとの言い伝えがあるようです。

「皆さんが今、亡くなったとして、閻魔様の裁判がもしあったら、あなたは極楽行きですか、地獄堕ちですか?」と私が聞けば、ほとんどの人は「極楽へは行けないだろうなぁ」と言います。

「六道の天上・人間・修羅・餓鬼・畜生・地獄のどのあたりだと思いますか?」と聞くと話が盛り上がります。「阿弥陀様は百点の人も、八十点の人も、五十点の人も、三十点の人も皆を気に掛けていて下さり、皆を救って下さいます」と話すと、納得なさいます。

自分の人生を振り返ってみた時、いままで自己中心の物差し（我執）で判断してきたこと、自分が絶対的なものではなく、変化していることなど、自己採点をすることによって、気づき始めているのです。これからの人生は、その気づきを生かしたものにしていきましょう。

第六章　仏教へのスタンス

■衰退する仏教

最初にも書きましたが、お寺を取り巻く環境は大きく変わってきています。本来の活動だけでは生計を維持できなくなっているお寺が急速に増えています。人口減少が激しい過疎地のお寺も大変です。以前に「寺院消滅」というショッキングなタイトルの本が出て話題になりましたが、臨済宗では全寺院の三分の一が住職が居ない、もしくは代理や兼務だそうですし、私の宗派の浄土真宗本願寺派でもおよそ一割がそれにあたるとされています。

また、昭和の頃までは、地域の方々や門信徒の方々がお寺を支えていくという意識がありました。しかし、その意識もだんだん薄くなって来ており、平成生まれの方になるとそんな意識は皆無だろうと思います。これからお寺は淘汰されていく状況にあるのかもしれません。

今でも、東京大学、東北大学、上智大学、京都大学や日文研等で、宗教に関心をもって研究している方は沢山いらっしゃいます。しかし、宗教者・お坊さんになろうとする方はみるみる減少しています。私の息子も含めて、お寺に生まれたので仕方なくお坊さんになり、お寺を継ぐ道を歩む方がほとんどです。そのような状態の中から、質の高い意欲のあるお坊さんが出て来にくいのも事実です。

東大寺のお水取りのお松明を持って走るお坊さんのお腹がダブダブで修行僧には見えない、とか、お坊さんのくせに字が下手だ、とか、説法をしない、とか、酒ばかり飲んでいる、とか、お坊さんへの悪口は際限がありません。これはお坊さんが世間に甘えて生きてきた結果でしょうし、逆に言うと世間がお坊さんを甘やかしてダメにしてしまったのかもしれません。

■凡人の為の宗教

山折哲雄氏が「感じる宗教・信じる宗教」という本を著していますが、山折氏はそのなかで、感覚的に直感的にしっくりくる宗教を自分の宗教としたらいいと言っています。私もそう思います。宮沢賢治の生家は浄土真宗の檀家でしたが、宮沢は自分の人生を仏教に重ね合わせる上で、浄土真宗の「絶対他力」がなにやら自分の人生まで他人まかせにするようなイメージを払拭できず、日蓮宗に宗旨変えしたのは有名な話です。

花園大学の佐々木閑先生は、釈尊の四諦八正道への原点回帰を訴えます。釈尊の教えは、自分の煩悩を滅して悟りを目指す、というものですが、親鸞聖人（浄土真宗）は、自分の煩悩は自分では無くすことができないのだから、あなたを必ず救いますと宣言している阿弥陀仏におまかせしましょうとの教義で、釈尊の教えからは一番遠いのではないか、と指摘しています。私も理論の上では、釈尊が追求した修行の中で自分の煩悩を滅し、自分を高めて、悟りの世界を目指すのと、絶対他力の浄土真宗は対極にあるような気もします。

お坊さんの私が言うのも変ですが、自分のことと重ね合わせてみて、我執を減らして、欲を抑えてと努力しても、一切の煩悩が無くなるとは思えませんし、現実として、他宗の高僧でも、悟りを開いた方は見たことがありません。ひょっとすると、一％の人々は自力で煩悩を滅し悟りの世界へ行ける強い精神力があるのかも知れませんが、残りの九九％の人にとっては、とても無理な話です。としてみれば、親鸞聖人の教え（浄土真宗）は人類の九九％を対象にした一般大衆の仏教だと言えるのではないかと考えます。努力しても煩悩の火を消すことができない私たち凡人（凡夫）の為の宗教が、親鸞聖人の教え・浄土真宗であることは間違いないと思います。

■自分の心に響くマイ仏教を持つ

しかし、宗教・仏教とは理屈や方程式ではなく、ある種感覚的なものであるのも事実です。宗教・宗派を問わず日本人の宗教観に根強くあるのが、先祖崇拝の意識と故人の魂の意識かも知れません。宗門の説く教義とかけ離れた意識が潜在的にあっても、私はそれを否定するつもりはありません。それが実態だからです。

浄土真宗には、先祖の追善供養をすべきとの教義はありませんと、お坊さんが声を大にして言っても、親の年忌法要をして先祖の供養をしなければならないと思っている人は少なからず存在します。私はそれが現実で、それでもいいと思っています。

例えば、水です。本当に純粋な水（純水）は不純物が全く混ざっていないそうですが、現実的に私たちの回りにある水には色々なものが溶け込んでいます。それでも水です。場合によっては色々溶け込んでいる方が美味しかったり有益であったりもします。お酒やコーヒーやお米などにもブレンドがあったりします。つまり、自分好みのブレンドのコーヒーを飲むように、自分風の仏教があっていいと思いますし、本当はそうあるべきなのかも知れません。

釈尊の仏教がシルクロードを経て中国に伝わった時、中国では儒教や道教との融合が見られました。日本人の先祖崇拝や供養の意識はそこから来ているのかも知れません。

宗派・宗門は純粋な教義を説きますが、説かれている側の人々には様々な意識や感覚があります。それが融合して、私の宗教・私の仏教となるのです。マイ仏教です。食べ物やお酒やコーヒーの味の好みが少しずつ変わることもあるでしょう。自分の仏教・マイ仏教が少しずつ変化しても何もおかしくはありません。一人一人が自分の心に響くマイ仏教を持つことこそが、釈尊の仏教を意識する第一歩になると、私は考えます。繰り返しになりますが、釈尊はこの世で生きている人々の「苦」を解消するために仏教をつくりました。親鸞聖人は、「煩悩」を自分の力で滅することができない多くの人々はどう生きればいいのかを考え、浄土真宗をつくりました。仏教は、今を生きている私たちの指針になり、心の支えになるということを忘れないようにしたいものです。

■少しずつ正式の作法に近づく

次に、作法についてです。よく質問されるのが、お焼香の回数です。浄土真宗の作法では、抹香を摘んだあと、額におしいただく必要はありません。そのまま香炉の香炭の上にのせて、煙が上がったら合掌礼拝です。

つまり、お焼香は一回です。また、お仏壇は金仏壇とされています。お仏壇自体が極楽のお浄土をイメージしているとされているからです。また、お仏壇にお水をお供えしていいか、とよく訊かれます。

結論は、お水はお供えしません。お線香は香炉に立てるのですか、と訊かれます。答えは寝かせます、です。お線香が長いと半分に折って火の付いたお線香に火の付いていないお線香を重ねます。ご逝去後四十九日までは魂は家の天井辺りに居るのですか、訊かれます。亡くなったらすぐにお浄土に往かれます、が答えです。お盆には、先祖の霊がお墓に還って来て、お盆が終わったらお浄土に帰るのですか、と訊かれます。浄土真宗には、故人の霊とか魂とかの概念はありません。もちろん、お盆にお墓に来たり還ったりすることもありません。

色々な作法があります。地域による習慣などもあります。全てが完ぺきにとはなかなか難しいものです。作法にはその理由があります。理由も含めて浄土真宗のお坊さんに尋ねながら、少しずつ正式の作法に近づくようになればいいと、私は考えます。

■宗教は暮らしに根付いている

江戸時代に檀家制度が作られ、それぞれの家はどこかのお寺の檀家になっていきました。分家した新屋の家も、通常は本家とお付き合いがあるお寺にご縁を求めるのが通例でした。従って、ある意味生まれた時から菩提寺の宗教の色に染まっているわけですから、我が家の宗教が私の宗教となっていて何も違和感がなくて当然だと思います。

また結婚の制度を、女性の側から嫁に行くものとした場合、実家の宗教と嫁ぎ先の宗教とが一致しない場合が出て来ます。結婚によって宗教に違和感が出てくる場合も多いと思います。最近増えている国際結婚などでも宗教上の違和感が話題になっていることがよくあります。

人が人として生活をし、社会活動をしていく上では、やはり宗教は大変重要ですし、必要不可欠だと私は思っています。日常生活の上では、空気のような存在で、大変重要ではあるけれど、全く意識していない存在です。宗教を意識するのは葬儀や法事の時かも知れません。もちろん葬儀や法事の時には誰もが宗教を意識しますが、普段の日常生活に目を向けてください。夫婦の関係、親子・家族の関係、地域や職場での人間関係、仕事感、達成感、幸福感、健康感、死生観等、本人は意識していないのですが、宗教上の価値観が大きく影響していることは間違いありません。

総本山善通寺の前法主・樫原禅澄師が言っていましたが、統計的な数字の上でも、核家族世帯の子供より、二世帯・三世帯の家庭で仏壇がある家の子供のほうが、補導率は明らかに少ないと言っていました。宗教は、人間の根底の部分の価値観に作用する重要な物差しだということです。

宗教系の幼稚園・保育園に子供さんを預けるご家庭も多いでしょう。宗教系の高等学校・大学で学んでいる方も沢山います。今は多くの新興宗教もあります。若い方々の入信が多いと言われていますが、中高年の方の入信も増えて来たようです。神道・仏教・キリスト教をも含めて既存の宗教も沢山あります。

宗教は個人が信仰（深く、強く信じるか、浅く、薄く信じるかは別として）するものですが、ある種の価値観を伴いますから、パートナーや親子・家族等は同じ宗教の方が混乱や違和感はないだろうと思います。嫁に来た女性が旦那さんの家の宗教になじめない場合、難しい問題ですが、家の宗教と個人の宗教を使い分けするのも、一つの現実的な方法かもしれません。宗旨替えをする場合、新興宗教をチョットだけやってみようかなぁと思う時、パートナーや家族を巻き込むのは大変なことですし、当然大きな抵抗があるでしょう。大変難しいことではありますが、個人の宗教（信仰）と家の宗教とを切り離して対処する技術を身に着ければ、案外楽に行けるかもしれません。

■寄り添う

浄土真宗本願寺派の寺院数は一万強で信者は約八百万人、真宗大谷派は約八千ヶ寺で三百二十万人の信者を擁する団体です。本願寺派は日本最大の仏教教団と言われています。私も本願寺派に所属していますので、信者がより増えることを願っています。ちなみに、日本全国では、お寺は七万～八万ヶ寺あるといわれ、コンビニの数と同じくらいだと言われています。

しかし現在は、どの宗教団体もそうですが、特に神道や既存仏教団体にとっては逆風の時代です。ただでさえ人口が減っている中で、神道や既存仏教は新たな信者を獲得するための営業組織を持っていないのが現状です。山間部に展開してきた禅宗系、密教系寺院などは過疎化の波を受けていて、とくに深刻です。私が所属している浄土真宗本願寺派も日本では最大の宗教団体ではありますが、少しずつ信者と世帯数が減少し、苦戦しています。新興宗教の攻撃の対象になることもあります。

近頃は毎年のように自然災害が発生し、甚大な被害が出るようになってきました。阪神淡路大震災や東日本大震災の時は、お坊さんたちが、宗派や教義を超えて連携し、地域の方々に寄り添って活動しました。宗派や教義が違っていても、お坊さんである以上、人々に寄り添うことで一致団結し、大きな力になったのだと思います。

「寄り添う」と言うキーワードは大変自由なようで、何も大災害が起きた時だけに使うものではありません。常々檀家の方一人一人に寄り添い、地域の方々に真剣に寄り添う姿勢こそが真のお坊さんの態度だということを忘れてはいけません。一般の方々がお坊さんを探す場合、宗派等と共にそのお坊さんが如何に皆に寄り添っているかを判断材料にしてもいいと思います。

医師として何人もの患者さんを看取ってきた、その医師が末期の癌で終末期を迎えた時、静かに寄り添って欲しいのは、もちろん家族ですが、家族以外では、医師でも看護師でも介護士でもなく、宗教者であったそうです。臨終を迎えようとする患者さんに静かに寄り添うのも、宗派を超えたお坊さんの務めであると思います。

東北大学が臨床宗教士を提唱し始めて、上智大学、龍谷大学とその輪はだんだん広まってきています。臨床宗教士の肩書を持っていなくても人々に寄り添えるのですから、そんなお坊さんが増えることを期待したいものです。

ちなみに、一口に医師と言っても、近所の診療所のお医者さんから、地域の総合病院の高度な治療を行う医師、大学や研究機関で最先端の研究をしている医師、など立場は様々です。皆同じ医師免許を持っています。私と一緒に終活団体で活動してくれている医師は、自治医大の教授を退官して地元でクリニックを開き、今度、介護施設を併設した診療所を作りました。医師と言っても、その守備範囲は様々です。

一方お坊さんの免許は、それぞれの宗派の本山が出します。お坊さんと言っても、その守備範囲は極めて広いです。一人のお坊さんが全てをカバーするのは不可能でしょう。町でよく見かけるのは、地域にある末寺のお坊さんです。門信徒の方の葬儀や法要の儀式を担当したり、墓前で読経したり、命日に仏前で読経したりします。布教使《ふきょうし》と言って、お寺の本堂でお説教やお話をすることによって、宗派の教義を地域社会に広めていく立場のお坊さんもいます。大学などの研究機関で歴史や教義の研究をしているお坊さんもいれば、宗門の職員として宗派の宗務を掌《つかさど》る立場のお坊さんもおり、笙《しょう》や篳篥《ひちりき》や楽太鼓《がくだいこ》などの古典音楽の合奏をしているお坊さんもいます。私のように仏教をベースにした終活の普及啓発をしているお坊さんもいます。その他、墓地や納骨堂を整備しているお寺、幼稚園や保育園・こども園や介護施設を併設していて地域のニーズを満たしているお寺も多いです。

どのような立場のお坊さんであっても、一人一人に最大限寄り添い、地域に寄り添う姿勢がとても大切です。その姿勢が欠けると、門信徒の方々、地域の方々との心が遊離してしまう心配があります。お坊さんが人々から信頼されなくなってしまいますと、お坊さんと呼べなくなってしまいます。僧侶の側は、最大限この点に注意を払い、地域の人々は、寄り添うお坊さんを選び・育てるとの意識を持って頂きたいと心から願っております。

江戸時代には、お寺に地域の住民を把握・管理する役場のような機能を持たせるため、また、キリスト教の伝播を防ぐために、各家はどこかのお寺の檀家になることが求められました。これが檀家制度（寺檀制度）です。檀家制度は、明治・大正・昭和・平成・令和と脈々と続いてきました。

檀家制度のもとでは、努力してもしなくても檀家の数は大きく変わることがありません。従ってお寺の収入も大きく変化することがないので、切磋琢磨して自分を高めようとするお坊さんが激減していった、と言われています。

昭和の終わり頃から、この檀家制度は崩壊しはじめ、今では、気が合わないお坊さん・嫌いなお坊さんと無理してお付き合いする必要はない、と思う人が多くなっています。歴史・伝統があるお寺、檀家が多い大きなお寺等の価値観が過去のものとなり、一生懸命に我が家（私）に寄り添ってくれているお坊さんの価値観が急上昇しています。菩提寺やお坊さんを替えることを推奨する訳ではありませんが、場合によっては檀家を離れてもいいと思いますし、多くの人の意識がそうなれば、お坊さんにも緊張感が走り、切磋琢磨するようになって、結果的に世のお坊さんのレベルアップに繋がるのではないかと思っております。

■葬儀の意味

釈尊の仏教の「自らの煩悩を滅して、悟りを目指す」も親鸞の仏教の「自ら煩悩を滅する事ができない人は、阿弥陀如来に任せましょう」も人の生き方の方向性を指し示す、まさしく宗教的な指針です。

一方、葬儀や法事などの儀礼も宗教を強く感じさせられる行事です。

浄土真宗本願寺派は葬儀の意味を次のように解説しています。

「生」にとらわれ、死の現実から目を逸らされさせがちな私たちに、一つのけじめとして死を受け容れて、一歩前に進む契機を与えてくれるのが葬儀です。葬儀とは、亡き人の命を死で終わらせることなく、普遍的な価値を持って関わり続ける存在と私たちが受け止めていく儀式と言えるでしょう。

法事の意味は次の様に解説しています。

亡き人の命日をご縁に勤める年忌法要は「亡き人のために」行う、いわゆる追善供養と思われがちです。亡き人のために私たちが法事を行って善を積み、その功績を故人に振り向けて少しでも良い世界に生まれてもらおう、との考えです。しかし、浄土真宗では、亡き人は阿弥陀仏の救いによってすでに浄土に生まれ、仏に成っているのだから、こちらから善を振り向ける必要はないのです。法事はあくまで、参拝者一人ひとりが「私のために」仏法を聞く仏教行事なのです。

私は、次のように考えます。

葬儀は、今まで生きてきた人が亡くなり、関係のある人たちにお知らせするとともに、深い悲しみと哀悼の誠を捧げ、死の現実を受け容れて心のけじめをつけるとの意味と位置付けます。儀式では三帰依文を導師が称え、故人は法名を頂き浄土に生まれる事を示しています。故人がこの世の苦から解放されて、浄土に生まれて菩薩になったとの認識を、関係者が共有すべき行事です。

法事は、追善供養の行事ではないことは明らかです。本願寺派は、仏法を聞く場、だと言っています。本願寺派は親鸞聖人七五〇回忌大遠忌法要の際には、「私たち一人ひとりが共々に、聖人のご苦労をしのび、お徳を讃えるとともに、浄土真宗のみ教えを深く味わうことのできる新たな機縁とするところ……」と呼びかけています。

普通の人であっても、その人の生涯は尊重されるべきです。故人の一生を振り返り、生き様やその哲学を見つめなおすことで、今を生きる私たちの人生を反省したり、これからの人生の参考にすることができます。それこそが、法事の現実的な意義ではないでしょうか？　仏教徒としては、煩悩にも注目をして、故人が煩悩をどのようにコントロールしていたかについて思いを致すことも、大変重要な視点だと考えます。その上で、釈尊や親鸞の思想に触れられれば、尚充実した場になると思います。

釈尊も親鸞も共に、自身の葬儀は要らない、と言ったとされています。仏教の「煩悩を滅して、悟りの世界を目指す」との目的からは、葬儀も法事も直接的には重要ではないのかもしれません。

それでも、多くの日本人が、正月に初詣をして、春秋のお彼岸に墓参りをします。お盆にも里帰りをして、二世帯・三世帯で団欒したり墓参りなどをして、先祖や家を意識します。中国からの儒教・道教の考え方や仏教諸派の教義が日本人の宗教感・民族意識や先祖崇拝意識等と良い形で融合された結果、いつの間にか仏教諸派の教義を超えて正月、彼岸、盆が国民行事的になりました。大変素晴らしいことです。
葬儀や法事もその一端だととらえて、現代的な意義を見出していくことは重要なことだと思います。

★和尚の余計な独り言　其二十四

ちなみに、私の所属する浄土真宗本願寺派は、宗派を次の様に定義しています。

浄土真宗の教章

宗名　浄土真宗
宗祖　親鸞聖人
宗派　浄土真宗本願寺派
本山　龍谷山　本願寺（西本願寺）
本尊　阿弥陀如来

聖典　浄土三部経（仏説無量寿経・仏説観無量寿経・仏説阿弥陀経）
　　正信念仏偈、浄土和讃・高僧和讃・正像末和讃
　　御文章

教義　阿弥陀如来の本願力によって信心をめぐまれ、念仏を申す人生を歩み、この世の縁が尽きるとき浄土に生まれて仏となり、迷いの世界に還って人々を教化する。

生活　親鸞聖人の教えにみちびかれて、阿弥陀如来のみ心を聞き、念仏を称えつつ、つねにわが身をふりかえり、慚愧と歓喜のうちに、現世祈祷などにたよることなく、御恩報謝の生活を送る。

宗門　この宗門は、親鸞聖人の教えを仰ぎ、念仏申す人々の集う同朋教団であり、人々に阿弥陀如来の智慧と慈悲を伝える教団である。それによって、自他ともに心豊かに生きることができる社会の実現に貢献する。

称讃寺近影

第七章　終活

■有意義な生活を送るための「終活」

　老夫婦で仲良く生活なさっていたのですが、奥様が急逝されて、ご主人お一人の生活が始まりました。パートナーの急逝のショックの中、葬儀・法要とお一人で気丈に段取りするお父様の事が心配で、一流会社に勤務して、今は名古屋にお住いの息子さんが「エンディングノート」をお父様に送ったら、「俺に、死ね、と言うのか！」と怒ったそうです。直接的・短絡的に解釈すると「終活」とか「エンディングノート」などは終わりの為の準備・活動等とのイメージが強いのも事実です。

　明日、死ねるのでしたら、終活等は必要ありません。いつかは訪れる「死」まで、有意義な生活を送るために「終活」があるんだと考えるべきです。二千五百年前に釈尊が「生・老・病・死」の四苦の解決を説きました。その「老・病・死」に正面から向き合うのが「終活」です。青年期・壮年期・中年期と、それぞれ人生上の目標・計画があります。仕事上の事、家庭の事、趣味の事など、こうありたい、ああなりたい、等の欲求があって少しずつでも前進していくのが人生なのでしょう。

　釈尊や親鸞の仏教思想を学んだ今、新たな人生観や死生観が見えて来たかも知れません。

これこそが仏教を学んだ真の成果だと思います。これからの人生でそれを生かさなければ意味はありません。覚悟を持って仏教的な人生を送るために今の自分の気持ちを書き留めておき、節目節目で読み直して、有意義な人生を送る計画を立てましょう。あなたの残りの人生の底力を見せましょう。悔いなく生きる、あなたなりの最高の人生の見つけ方を考えましょう。十人十色ですから、正解はありません。

終活とは、「自分らしく、今からをより良く生きるための活動」です。「これまでの私」を振り返り、「今の私」や「これからの私」について情報やモノを整理することで、今からを安心して、より良く生きることができます。

将来必ず来る「死」までの人生で何をすべきかと考える時、終活の活用をお勧めします。

■自分の人生を振り返ってみよう

これまでの人生を振り返ってみましょう。子供の頃、学生時代、就職、結婚、子供の誕生、仕事の上での葛藤、子の結婚、孫の誕生……。ゆっくり振り返ってみると、自分自身にご褒美をあげるくらい頑張ったこと、今、思い返してみると失敗だったなぁと思えること、もっと頑張っておけば良かったかもと少し反省することやとても嬉しかったことなど、色々な記憶が蘇りそれと共に感情の高ぶりを覚えます。そうこうしているうちにやり残している色々な事に気づき、これからの人生でやってみたいことが、誰しも二つや三つは出てくるものです。大げさに言えば、これからの人生の、目標・生き甲斐が見いだせるのです。浄土真宗に生きる人としては、自己中心の心から離れられず、煩悩だらけの今までの人生を反省し、少しずつでも真実の生き方へと舵を切ることができれば素晴らしいことではないでしょうか。

■終末期の医療と介護を考えよう

この項目は、「老・病・死」の「老・病」に値するところです。年を重ねるに従って病気が増えてきます。一つの病気が治っていないのに、次の病気が見つかります。治る病気は治し、慢性的な病気は薬でコントロールしていきます。そうこうしているうちに、重篤な状況になってきます。

さて、介護が必要になってきたら、誰に介護をお願いしたいですか？　ご自分の介護が必要になってくるころには、パートナーも介護を必要としているかもしれません。子供さんが遠方にお住いの方、お一人様は大変です。

四十歳から介護保険の掛け金を皆支払っています。介護保険の制度や介護認定の制度、デイサービス、ホームヘルパーなどの支援制度を理解しておくことが必要です。地域包括支援センターが相談に乗ってくれますので、理解が不十分な方、ケアーマネージャーさんを付けたい方など、気軽に相談してみることをお勧めします。

物忘れが多くなり、認知症の症状が出てきたとしたら、お金の使い方も含めてのこれからの生活全般を誰に頼っていきたいですか？　ご自身の判断力が鈍くなる前に、頼れる方を決めておいた方がいいです。統計によりますと、八十歳を超えますと認知症の症状が現れる人が随分多くなると言われております。高齢者を狙った電話詐欺の被害も一向に無くなりません。毎日毎日、高齢者の方が詐欺の被害に遭い財産を失っています。国は判断力が弱くなった方の財産や権利を保護するために「成年後見人制度」を作っています。成年後見人を選任して、本人の意思を尊重しながら、本人の財産や権利を守ることを目的としています。国の制度ですから気軽に利用したらいいと思います。地域包括支援センターでも説明を聞くことができますので、関心がある方は相談するといいでしょう。

さて、病気が進行して終末期になった場合、何処にいたいですか？　選択肢としては、病院か介護施設か自宅があります。ご自身の希望を伝えておいた方がいいでしょう。

治らない重篤な病気の場合、例えば、人工呼吸器や経管栄養や胃瘻、人工透析等の延命措置は希望しますか？　重篤な状況になってしまったら、意思疎通が難しくなってしまいますので、冷静な判断ができる時に意思表示をしておくのが賢明です。

一昔前は、重篤な病気になったら、担当医師に「宜しくお願いします」の一言で、いわば「まな板の鯉」状態で治療を一任するのが当たり前でした。近頃では、客観的に病気の症状を確定した上で、治療の選択肢があれば、それを患者さんに説明し、積極的な治療をするか、しないか、治療をする場合、どの方法で治療をするか、について、丁寧に説明があり、患者（家族）の意向を聞き、主治医と相談の上で治療方針を決めるようになりつつあります。

アドバンス・ケア・プランニング（ＡＣＰ…人生会議）と言って、主治医、患者（家族）、介護者の三者がこれからの医療・介護の計画を、患者（家族）の意向を尊重しながら立てるようになりつつあります。病気に対して、どんな治療を望むのか、聞かれる事がありますので、家族をも含めて意思をはっきり主張出来るようにしておくことが必要かも知れません。

ピンピンコロリで死ねればいい、と思っている人が沢山居ることは知っています。私は、年間五十〜六十件ほどの葬儀を担当していますが、ピンピンコロリに該当するような方はほんの数%です。大多数の方は、数か月から数年寝たきり状態になっています。

それでも自宅で過ごしたい方、周りの方に迷惑を掛けたくないと思う方、その時の成り行きでいいと思う方、選択肢は色々ありますが、事前に話し合っておく方がいいと思います。

終末期をどう過ごして、最期をどこで誰と迎えたいか？　これについては、ご本人の人生観・死生観に大きく作用されるものです。自分の考えを整理してまとめた上で、パートナーや家族の方々と話し合っておきましょう。自分自身の為になるだけでなく、パートナーをも含めた家族の皆さんの人生観・死生観を整理するのにも役立ちます。いずれは皆死ぬのですから。

■自分の葬式の希望はありますか

あなたのお葬式は、どんなお葬式を望みますか？

過去にあなたが会葬したお葬式で、このお葬式は良かった、というのはありますか？　どこまでの親戚に声を掛けるか、相談していますか？　知人・友人もお葬式の時に声を掛けたい人のリストを作っておきましょう。親が亡くなると子は親の写真を探すのに慌てるものです。事前に遺影写真の準備をしておきましょう。葬儀をお願いする宗教者が決まっていればいいですが、決まっていない場合、ご近所や知り合いの方々の評判と宗旨・宗派等を参考に事前にお願いしておくといいと思います。宗教者を呼ばないで無宗教のお別れ会をしたいなど、一般的でないものを希望するのであれば、事前に家族とよく相談しておくことをお勧めします。無宗教のお別れ会をした後に、四十九日の法要をしたい旨のご相談を受けることがあります。その他ご自分のご葬儀についての希望があれば書き留めておきましょう。

■お骨やお位牌について

あなたのお骨やお位牌はどうしたいですか？　お墓や仏壇がある場合は、お骨はお墓に納骨して、お位牌はお仏壇に安置すればいいですが、無い場合は、どうしますか？　一般論として、お骨については、散骨・宗教施設に納骨・墓をつくって納骨、の選択肢があります。最近は、火葬場で収骨しない、との選択肢をとる方もいるようです。お位牌は、葬儀の時に戒名・法名を作らない・お仏壇を用意して安置する・お骨の横に（例えば納骨堂やお墓）安置する等の選択肢があります。あなたの希望はどれですか？　法事や墓参りもきちっとして欲しいですか？　希望を伝えておきましょう。

自分は熱心な宗教の信者ではなく、むしろ何も信じていない、無宗教に近い、と思っている人は多いと思います。お骨になってお墓に入る立場の人と、墓参りをして手を合わす遺族の人たちとの無意識のうちの宗教感が極めて大切です。全くの無宗教ですべてを行うのか、熱心ではないものの、宗教のレールに乗っての葬儀・法要・納骨などを行うのか、個人だけの問題ではありませんので、パートナーをも含めて家族と事前に相談しておくことが肝要です。自分が死んだとき、自分の葬儀・法要・納骨などは遺族に任せるしかないのですから。

■財産の相続について

さて、一番トラブルの元になるのがあなたの財産の相続です。

あなたの死後、財産の相続を巡って残った相続人、つまり、配偶者と子供たちの間でトラブルは発生しませんか？　葬儀を担当しているお坊さんの感覚としては、およそ半分程がトラブルになり、一割程が弁護士さんや裁判所のお世話になって相続分を確定しているのが現状だと肌で感じています。「我が家は大丈夫ですよ。資産もほとんどありませんから……」とおっしゃっていた方が亡くなってトラブルになるケースもあるということです。

最近はそれぞれの方の権利意識が強く、相続についての知識を持っている方が多いので、何も対策をしていないと相続のトラブルに巻きこまれる可能性が高いです。自分が死んだ後に相続でトラブルが発生すると、子や孫同士が対立したり疎遠になったりします。事前に対策して防げるものでしたら、対策を講じるべきだと思います。

まず、資産のリストを製作します。相続は個人の問題ですから、配偶者のものと混同しないように自分の資産リストを作ります。土地・建物などの固定資産、株や債券など、預貯金等と分配できるものとできないものがあります。

あなたは、どう分配したいですか？　配偶者二分の一、子供全員で二分の一の法定相続でいいですか？　それとも事前に配偶者や子供とだいたいの遺産分割協議をしておきますか？　遺言書を書いておきますか？　遺言書は遺留分に抵触しないようにすることが肝心です。遺留分を理解していますか？　遺言書は遺留分に抵触しなければ、効果は絶対で、これに反するような遺産分割はできません。ただ、遺言自体の信憑性が争いになる場合が多々あります。自筆証書遺言でも要件が揃っていれば有効ですが、争いを避ける為にも公正証書遺言をお勧めします。

相続人皆に分ける方法もありますし、場合によっては全部配偶者が相続する場合もあります。生命保険の制度を利用して、受取人をたとえば配偶者にして保険契約をしておけば、本人の死亡後、保険金は必ず受取人に渡ります。生命保険での受け取りは相続とは別ですので、死後の相続の協議によって左右される心配はありません。確実にお金を渡せる方法として、生命保険を利用するケースが増えています。ご主人が亡くなって、相続で紛争が起きて、しばらくして奥様が亡くなって再度トラブルが発生したとの事例は沢山あります。あなたが亡くなることによって発生する相続が、争族にならないようにする為にも細心の注意と配慮が必要です。

あなたの相続財産に相続税が課税されるかどうか、ご存じでしょうか？　概算は簡単な計算方式で計算できます。あなたの総資産を金額化して、課税されるかどうか、課税されるのでしたらいくらくらいなのか？　計算してみましょう。故人は納税の義務はありませんが、相続する人は納税の義務があります。死後十ヶ月が一応の期限ですので伝えておきましょう。事前に対策を行う事によって、かなりの額を合法に節税できる場合が多いです。税理士さんなどに相談して節税対策をすることは、残る遺族の方々のためになることでもあります。ご検討下さい。

■物の片付けについて

二世帯・三世帯の方々が一軒に同居している場合は、故人様の品物が残った場合でも、人手はありますし、問題になることは少ないようです。老夫婦だけで生活されている場合、片方がご逝去されましたら、その方の遺品の整理は残ったパートナーがすることになりますが、配偶者死亡の精神的なショックがある上に、物に対して思い出や思い入れが重なって中々整理ができないでいるのが実態です。品物の片付けをしようにも、段々気力も体力も低下してきて、少し認知症っぽくなってきたりしたら、もうそのままです。

ご主人がご逝去されて五年・七年経っても全然片付いていないということはよくある例です。その状態で奥様が、突然のケガや病気で入院したり施設に入ったりしたら、何も片付かないままで空き家状態になってしまいます。

戦前生まれの方々は、戦中戦後の品物が無い時代を生きてきました。勿体ないとの精神で戦後の高度経済成長期を支えてきました。結果的に物が捨てられなくなってしまいました。着れない服、履けない靴、使っていない道具等、物は増える一方です。元気なうちに、必要な物・不要な物の物差しで断捨離しましょう。必ず心がスッキリします。部屋もスッキリします。物を溜めないような習慣をつけましょう。アルバムの写真等は、子や孫に欲しいものは差し上げましょう。残った写真や手紙やその他、処分に困るものは、ひとまとめにして「私が死んだら、棺の中に入れてね！」と頼んでおきましょう。

次は、遺品整理です。誰もいなくなった家の遺品整理は大変な作業です。遺族の方が作業しますと、品物一つ一つに思い出とか感情が入ってしまって　なかなか作業がはかどらないのが通例です。遺品整理を請け負う業者も多くなりました。ピンからキリですが、一般論として一部屋数万円~十万円くらいです。

結論としては　精神的にも肉体的にも元気なうちに生前整理を積極的に行っていくことが肝要で、終末期になる頃は最低限のもので生活できれば、遺族の遺品整理の負担は大きく減少するはずです。常々心掛けるようにしたいものです。

■老後の資金について

男性の平均寿命が八十二歳位、女性の平均寿命が八十七歳位です。平均寿命がドンドン伸びて、簡単には死ねない時代に突入してきました。毎月毎月タダで生活できる訳ではありませんので、長生きすればする程、お金も必要になってきます。慢性的日常的に投薬や診察が必要になってきますし、ケガや大病で入院すると医療費も必要です。老人ホームなどに入所すれば、毎月二十万円～三十万円以上死ぬまでかかり続けます。

老後の資金は大丈夫ですか？

後期高齢者の時期に突入したら、預金通帳を一つにまとめましょう。年金の振り込み、公共料金の引き落としなどを一つの通帳で管理しましょう。収入と支出を一つの通帳で管理すると、生活費を支出した上で、毎月黒字か赤字かが一目で分かります。毎月いくら黒字なのか？　いくら赤字なのか？　把握することは極めて大切です。株式や債券や外貨貯金なども現金化して預金通帳に入れておきましょう。

総額が把握できれば、死ぬまでお金が足りるかどうか、漠然とですが判断がつくと思います。預貯金を残して相続でトラブルになるのであれば、お金は死ぬまでに使ってしまうくらいの思いで計画をたててもいいと思います。明らかに不足するようでしたら息子や娘に毎月それぞれ数万円ずつ仕送りをしてくれるように依頼をしてもいいです。

最近は親が住んでいた家を相続したい子がいない場合が多いです。家を担保にまとまったお金を金融機関から借りて、毎月少額の金利だけ支払います。住人が死ねば、金融機関は担保の家を処分して元金を回収します。これはリバースモーゲージと呼ばれるお金の借り方で、最近利用する方が増えてきています。親の死後、親が住んでいた古い家を子が相続・処分する手間も省けるので重宝がられています。

毎月少額の掛け金で、死亡時に百万円程度の死亡保険金が約束されている生命保険もあります。受取人を葬儀の喪主になってくれる人に設定しておけば自分の葬儀代金を託すことができます。死後の保険金の受け取りは相続とは別ですので、確実に渡せます。最近、多く契約されています。

■お一人様の場合

肉体的にも精神的にも段々と老いてくる自身を自覚した時に、誰もが周辺の人たちに迷惑を掛けたくない、と思うのは至極当然の事であろうと思います。介護保険制度が出来て、介護を個人や家庭の責任範囲から、社会全体で責任を担っていくとの方向転換がなされました。素晴らしい事だと思います。

では、お一人様が人生の終末期、死亡、死後の葬儀、納骨、役所をも含めた数々の手続きが出来るのか、すなわち、お一人様は一人で死ねるのか？　と聞かれると、私は、現状では難しい、と答えざるを得ません。

病院に入院するにも、支払いについての保証人の印を求められますし、手術の際は同意書が必要です。本人の意識があれば、本人が同意しますが、意識がない場合も同意を求められます。施設に入所する際にも、支払いについての保証人を求められます。自分が死んだ時の葬儀や納骨は誰かに頼んでおかなければできませんし、死後の連絡や遺品整理、役所も含めた届け出などの事務処理も煩雑です。上野千鶴子氏が「お一人様が死ねる社会の実現」と言っていますが、現状ではまったく無理だと言わざるを得ません。

判断能力が弱くなった人を保護する為に後見人制度があります。簡単に言えば、本人の財産を保護する制度です。死亡の時点で財産は相続人の共有となりますから、本人の死亡で（葬儀・納骨等を行う場合もある）一応終了です。

死亡後については、死後事務委任契約を第三者と結んでおくという方法もあります。これは、法律上民事で、個人と個人又は法人が契約をして、例えば、終末期から死亡後の雑務をお願いしておくというものです。一般的には、報酬を伴います。その他、有料の身元保証サービスもありますので、お一人様は事前に調べておくことが肝要です。地域包括支援センターには相談員がいて、丁寧に相談に乗ってくれます。

■エンディングノートを書いてみよう

「エンディングノート」というノートがあります。ご存じでしょうか?　「エンディングノート」は直訳すると「終わりのノート」とか「終わりの為のノート」となるので、そのイメージが先行して、あまり良い感覚を持っていない方も多いと思います。

しかし、実際に使ってみると大変便利で有意義なものです。単元別に整理されていて、質問に答えて該当する項目に○を付けていけば完成します。補足したい時は欄外にでもメモを書き留めておけばいいのです。自分の終末期の事について、面と向かって話しづらいことも想像できます。エンディングノートに自分の意思を記入することが、頭の整理に繋がります。テーブルの上にでも置いておきますと、パートナーや子・孫が中を見てくれて意思が伝わることになりますし、また、意見交換ができたりして議論が深まる事もありそうです。エンディングノートは遺言書とは違って、法律上の効果とか強制力などは一切ありませんが、書くことによって本人の考え方の整理ができる点、周囲の方々に思いが伝えられる点等、メリットが多いと思います。是非ともチャレンジしてみて下さい。

おわりに

終活・エンディングノートという言葉に抵抗感がある方が多い現実は承知しています。釈尊の四苦「生・老・病・死」を思い出して、今の自分はどの時点かを認識して、残りの人生で何をすべきか？　を系統的に考え、それに向かって実践を始めるという点では、今からの人生の計画ができるわけで、「終わり」ではなく「スタート」なのです。

大乗仏教の基本は「自利利他」です。この精神を忘れないことも大切です。「釈尊から親鸞へ」の仏教思想を学んだうえで、これからの人生・生き方を考えた時、今までは、「私が」「私の家族が」「私の会社が」など私の価値観（我執）が優先して、場合によっては道理を捻じ曲げてでも我執を優先させてきたことはありませんか？　煩悩具足の私たちが、「中道」を知り「如実知見」を理解し、仏教の根本原理の「縁起」について納得したならば、これからの人生は大きく変わってくるはずです。煩悩具足の凡夫が「真実を仰ぎ真実に生かされる生き方」に転換をすれば、今からの人生がより真実の生き方に近づいていくことに間違いありません。毎日の身の回りの出来事にイライラしたり、不快感を持ったりすることなく、我が身を一歩引いて大きな視点で物を見ることができるようになるはずです。

仏教を知る、ということは、知識として仏教の思想を知ることだけではありません。これからの人生で実践してこそ、仏教が有意義なものとなるのです。仏教の教えを学べば学ぶほど、自分の姿が明らかになり、自分の生きる意味とその方向が定まってきます。そのような学び方でなければ、本当の意味で仏教を学んだことにはならないのです。

終活をする上で是非とも仏教的な物差しで判断して頂きたく、「釈尊から親鸞へ」と「終活」をあわせて著しました。最初にも書きましたが、印象に残ったところのつまみ喰いでもいいですので、一つからでも実践するように心掛けて頂きたいものです。

二〇二〇年九月吉日

瑞田信弘

参考文献

中村元　「ゴータマ・ブッダⅠ・Ⅱ」
上山大峻　「仏教を読む　釈尊の悟り」
水野弘元　「釈尊の生涯」
梅原猛　「日本の仏教を行く」
山折哲雄　「親鸞の浄土」
山折哲雄　「感じる宗教・信じる宗教」
ひろさちや　「親鸞」
ひろさちや　「阿弥陀経」
佐々木閑　「ブッダ　最期のことば」
佐々木閑　「ブッダ　真理のことば」
小池龍之介　「ブッダの言葉」
釈徹宗　「ゼロからの宗教の授業」
釈徹宗　「宗教は人を救えるのか」

釈徹宗　「仏教では　こう考える」
小池秀章　「高校生からの仏教入門」
龍谷総合学園　「見真」
「浄土真宗聖典」注釈版
浄土真宗辞典
坂東性純　「親鸞和讃」
梯實圓　「大きな字の　歎異抄」
大谷光真　「世のなか安穏なれ」
高史明　「月愛三昧」

著者プロフィール

瑞田信弘（たまだのぶひろ）

浄土真宗本願寺派
瑞光山　浄土院　称讃寺　住職
1955年（昭和30年）香川県高松市香川町生まれ。
大学卒業後、県内の公立中学校・小学校の社会科教員を経て、
飲食店を自営。専門学校の講師など兼任。
1998年（平成10年）父親（第15代住職）が往生し、
経営者、教職をやめて、第16第住職を継職する。

終活支援団体
一般社団法人　わライフネット　代表理事

NHKカルチャーセンター高松　初級仏教の講師
FM815「たまだ和尚のこころでホッと一息つきましょう」
パーソナリティー

〒761-1701
香川県高松市香川町大野1325-2
Tel　087-885-2012

浄土真宗の智慧
釈尊から親鸞に学ぼう

2020年10月21日　第1刷発行
著　者――瑞田信弘
発　行――アートヴィレッジ
〒657-0846　神戸市灘区岩屋北町3-3-18　六甲ビル4F
ＴＥＬ. 078-806-7230
ＦＡＸ. 078-801-0006
ＵＲＬ. http://art-v.jp/

落丁・乱丁本は弊社でお取替えいたします。

定価はカバーに表示してあります。